本书是 2023 年度宁波职业技术学院学术著作出版资助专
NZ23CB04Z) 的研究成果; 本书获宁波职业技术学院港航

城市冷链物流配送 网络优化研究

晏莉颖　著

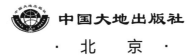

中国大地出版社

· 北　京 ·

图书在版编目（CIP）数据

城市冷链物流配送网络优化研究 / 晏莉颖著.
北京：中国大地出版社，2025.3. -- ISBN 978-7-5200-
1350-5

Ⅰ. F252.8

中国国家版本馆CIP数据核字第2024B0T516号

CHENGSHI LENGLIAN WULIU PEISONG WANGLUO YOUHUA YANJIU

责任编辑： 张海燕　薛　静
责任校对： 田建茹
出版发行： 中国大地出版社
社址邮编： 北京市海淀区学院路31号，100083
电　　话：（010）66554512
网　　址： https://www.chinalandpress.clmpg.com
传　　真：（010）66554541
印　　刷： 三河市中晟雅豪印务有限公司
开　　本： 710mm×1000mm　$\frac{1}{16}$
印　　张： 17
字　　数： 200千字
版　　次： 2025年3月北京第1版
印　　次： 2025年3月河北第1次印刷
定　　价： 78.00元
书　　号： ISBN 978-7-5200-1350-5

目录

第一章　绪　　论

第二章　冷链物流与配送网络基本理论

I

第三章　考虑配送服务可靠性的城市冷链物流配送中心动态选址研究

第四章　不确定需求下城市冷链物流配送路径优化研究

第五章　多车场城市冷链物流配送路径优化研究

第六章　需求不确定与时间依赖的城市冷链物流选址-路径优化研究

第七章　城市冷链物流两级配送选址–路径优化研究

参 考 文 献

第一章

绪　　论

第一节 研 究 背 景

近年来,随着生活水平的不断提高,人们的饮食消费观念发生了巨大的转变,更加倾向于绿色、有机、新鲜、营养的食品。2016—2026 年中国生鲜电商市场规模及其同比增长如图 1-1 所示,可以看出,2022 年生鲜电商市场规模达到了 3 637.5 亿元,在经历了2020 年的飞速发展后,增速尽管逐渐放缓,但预测到 2026 年也将达到 6 302.0 亿元。水产品因富含优质蛋白、不饱和脂肪酸、多种维生素及人体所需的多种微量元素等而受到人们的青睐,成为人们餐桌上不可或缺的食材。中国水产科学研究院渔业发展战略研究中心公布的《中国居民水产品食用消费量测算与分析报告(2023)》显示,2013—2022 年,中国的水产品国内供应总量明显增加,食用消费量的增长趋势也十分明显。食用消费份额从 58% 增至 63%,绝对量从3 875 万吨增至 5 611 万吨,特别是人均食用水产品消费量在此期间增长了 33%。但与人们的偏爱相反,这些生鲜产品易变质,品质容易受到影响,甚至可能引发食品安全事故。因此,必须让水产品保持在合适的低温环境中，即冷链物流链，这必定会在一定程度上提高物流企业的配送成本。如何在保证产品质量的同时科学合理地降低物流企业的成本是提高企业竞争力的关键。

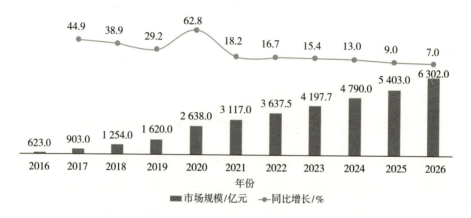

图 1-1　2016—2026 年中国生鲜电商市场规模及其同比增长

（数据来源：艾媒数据中心）

随着我国城市化进程的加快和电子商务的迅猛发展，人们对城市货运服务需求逐渐增加。由于城市地区的交通基础设施经常满负荷运转，以及道路拥挤和停车位稀缺，所以配送作业具有不确定性，这在一定程度上会影响人们的购物体验和幸福感。据统计，空气中70% 的污染物来自交通运输业，而城市机动车占道路运输排放总量的 40% 以上[1]。因此，优化城市配送网络已经成为城市运输管理的重要组成部分，也与城市居民的生活质量密切相关。

解决城市物流配送网络优化问题，可以从两个方面着手：一是科学合理地选择配送中心的位置（中转点选址），二是规划配送车辆路径。因此，有必要探讨如何对配送中心进行选址规划、如何合理规划配送车辆的配送路径、如何解决不同情景下的选址－路径问题（Location-Routing Problem，LRP），以降低企业的配送成本，提高企业的利润空间和城市物流配送效率，为客户提供及时、优质的服务。

第二节 研 究 问 题

本书从城市冷链物流配送网络优化的相关问题出发，对其主要环节，如选址问题、车辆路径问题（Vehicle Routing Problem，VRP）及选址–路径问题等进行分析。可以基于不同的视角对选址问题和车辆路径问题及两者的联合优化问题展开研究。具体来说，主要包括以下几个方面。

一、考虑服务可靠性的城市冷链物流配送中心动态选址问题的研究

可以构建考虑配送系统可靠性的多阶段城市冷链物流配送中心动态选址模型。为了简化模型的求解难度，可以将所研究的多阶段的动态选址问题转化为多阶段的决策问题，并利用图论中的最短路径算法对该问题进行求解。本书通过一个实际案例，说明了如何对构建的模型进行求解，并给出了最优的动态选址序列，同时对比分

析了动态选址与静态选址对总成本及子成本的影响。

二、不确定需求下城市冷链物流配送车辆路径问题的研究

首先，建立带时间窗和机会约束的车辆路径模型，该模型以总成本最小为目标函数。为了更好地对该模型进行求解，本书设计了随机模拟与遗传算法相结合的混合遗传算法，并利用水产品市场的实际案例来验证模型和算法的可行性与有效性，同时对客户满足率和需求偏差进行敏感性分析。其次，建立基于情景分析法的随机规划模型和鲁棒优化模型。为了对该模型进行求解，本书设计了带进化周期的改进遗传算法，并通过对城市冷链配送的实际案例进行分析来说明随机规划模型与鲁棒优化模型解的差异性，并验证鲁棒优化模型解的稳定性及当有限情景被使用时解的准确性。

三、多车场城市冷链物流配送车辆路径问题的研究

在对城市冷链物流配送车辆路径问题分析的基础上，本书建立了包含运输成本、制冷成本、货损成本在内的总成本最小为目标函数的规划模型，该模型的约束条件考虑了车容量与客户时间窗的限制。为了求解该模型，本书在基本蚁群算法的基础上，通过改进状

态转移概率因子、信息素更新规则，引入了自适应调整策略的方法，设计了新的算法。该算法避免了获得的最优解陷入局部最优及其收敛过早等缺陷。此外，本书还通过实际案例验证了所给出的模型和算法的有效性与可行性，可以为冷链物流企业配送车辆路径提供科学合理的理论依据。

四、客户需求不确定、时间依赖条件下城市冷链配送选址–路径优化问题的研究

在引入基约束的鲁棒优化方法之后，可以建立以总成本最小为目标的带硬时间窗的选址–路径鲁棒优化模型。为了求解该模型，本书设计了带精英选择策略的改进的遗传算法。此外，本书通过对一个数值进行算例分析，验证了算法的性能。本书分析了在不同、不确定的预算下，最优选址点及最优配送总成本，并给出了配送总成本与服务水平之间的关系；分析了不同拥堵系数对配送总成本及车辆行驶时间的影响。

五、城市冷链两级配送选址–路径问题的研究

本书建立了带硬时间窗的城市冷链两级配送选址–路径模型，

该模型的目标函数为总配送成本最小。为了求解该模型，本书设计了混合遗传算法，该算法考虑了两阶段路径和选址的耦合与协同，且采用整体优化的思想。通过随机生成的算例，说明了模型与算法的有效性和可行性，对比分析了不同目标函数下最优解之间的差异，以及单级配送路径与两级配送路径在总成本上的差异，同时说明了两级配送可以为企业节约更多的配送成本。

第三节　研　究　意　义

　　本书在对城市冷链物流配送网络的特点进行分析的基础上，研究了多阶段、多目标的城市冷链物流动态选址问题、多车场及不确定需求的冷链物流车辆路径问题、需求不确定时间依赖的城市冷链物流选址－路径问题及城市两级配送冷链物流选址－路径问题。通过建立数学模型和设计科学且合理的模型求解算法来确定选址点、车辆的配送路径，一方面可以为城市冷链物流配送网络优化的研究者提供理论参考，另一方面可以为城市冷链物流企业的配送决策提供理论依据与参考建议。

一、理论意义

1. 为城市冷链物流配送网络优化模型的建立提供新的思路

　　在考虑配送系统可靠性的基础上，建立多阶段、多目标的动态选址模型；引入客户满意度，建立客户需求不确定的机会约束车辆路径模型；利用鲁棒随机优化理论和基约束鲁棒理论，分别建立车辆路径模型和选址－路径模型，由此构建的模型更稳定、抗干扰能力更强；结合我国现有的政策，建立两级配送选址－路径模型，从理论上说明两级配送网络的有效性。

2. 为冷链物流行业解决不同情景下的配送网络优化问题提供新的求解方法

选址、路径问题涉及到计算机、数学、管理科学与工程等多学科的交叉融合，自被提出以来，一直都是运筹学和组合优化领域的热点研究问题。而这些问题本质上属于 NP-hard 问题，即非确定性多项式困难问题。由于 NP-hard 问题的难度极大，传统的精确算法往往无法有效求解。因此，研究 NP-hard 问题促进了智能优化算法、启发式算法、近似算法等新型算法的发展。这些算法能够在合理的时间内找到问题的近似解或可行解，从而在实际应用中发挥重要作用。

二、现实意义

1. 宏观层面

冷链物流运输属于物流行业中"高能耗"和"高碳排放"的工

作。Swgalou 等[2]指出，在整个城市运输的排放物中，40%是货物运输产生的氮氧化物，45%是货物运输产生的悬浮微粒。研究城市冷链物流配送网络优化问题，不仅能节约配送车辆的油耗和降低企业的碳排放量，还可以减轻城市交通负担，减少尾气排放，从而实现经济发展与环境保护双赢。

2. 微观层面

在企业方面，市场竞争进一步加剧，既要满足客户的个性化要求，又要保有和赢得市场、取得更大的利润空间。所以，企业不仅要在产品质量、功能上下功夫，更重要的是要在服务质量上下功夫。结合不确定因素和多级配送的冷链物流配送网络研究成果，可以帮助冷链物流企业提高处理突发情况的快速反应能力、运作管理水平，实现科学快捷的配送调度，节约运营成本，实现对资源的合理配置，汲取"第三利润源"的财富。在客户方面，当前客户需求呈现"小批量、多批次、多元化、个性化、高时效"的特点，在这样的背景下，城市配送网络存在很多的不确定因素，如客户需求、运输网络等。因而，本书的研究更贴近城市冷链物流配送网络的实际情况，具有一定的应用价值。

第四节 研究思路及研究方法

一、研究思路

本书总体上采用"问题提出→相关资料研究→数学模型建立→模型求解方法研究→案例分析/仿真测试与性能评估/对比分析→结果讨论"的研究路线。首先，从各个层面查阅与冷链物流、城市配送相关的政策，从中找出目前国家对城市冷链物流关注的热点问题。其次，查阅相关的文献资料并对其进行梳理，即归纳分类、鉴别比较、去粗取精，找出前人没有进行研究的或者研究不够深入的城市冷链物流配送问题。再次，对所研究的问题进行抽象描述，根据问题的实际情况做出适当合理的假定，确定目标函数与约束条件，最终建立数学模型。根据模型的特点，利用计算机软件编程有针对性地设计算法并求解。最后，为了验证所建立的模型与所设计的算法的可行性和有效性，进行仿真实验或案例分析。

二、研究方法

城市冷链物流配送网络优化问题涉及多门学科的交叉与融合，如运筹学、组合优化、系统优化、管理学等。本书所采用的方法主要有文献研究法、理论与仿真实验相结合的方法、定性与定量相结合的方法、实地调研法。下面对这几种研究方法进行详细介绍。

1. 文献研究法

查找与城市冷链物流配送网络优化相关的文献资料，对城市冷链物流配送网络中随机规划理论、鲁棒优化理论、配送模式、冷链物流等科研成果进行整理、归纳与分析，掌握城市冷链物流配送网络中的核心问题和需要考虑的关键因素，为建立模型奠定基础。

2. 理论与仿真实验相结合的方法

针对城市冷链物流配送网络中的相关优化问题，本书主要采用整数规划、随机规划、对偶理论、鲁棒优化等方法建立理论模型，并根据模型的特点，利用运筹学方法、随机模拟方法、智能优化算法等设计模型的求解方法。依据理论与实践相结合的原则，通过实际案例或随机生成算例，验证本书所建立的模型与设计方法的有效性和可行性，进一步验证城市冷链物流网络规划方案的可行性。

3. 定性与定量相结合的方法

本书在相关理论研究的基础上，定性分析冷链物流配送网络的各构成要素及其特征。针对城市冷链物流配送网络的规划问题，采用定量分析方法，建立适当的选址模型、车辆路径模型、选址－路径模型。运用图论中的最短路径方法解决动态选址问题，利用随机规划和鲁棒优化理论来解决城市冷链物流配送网络中的不确定问题，为完善城市冷链物流配送网络提供科学的决策依据。

4. 实地调研法

调研相关的冷链物流配送企业，了解当前城市冷链物流配送的实际情况及存在的问题；访谈客户，了解他们对配送的及时性、产品的新鲜度等方面的要求。

第二章

冷链物流与配送网络基本理论

第一节　冷链物流的概念与特点

一、冷链物流的概念

物流作为供应链活动的核心组成部分，是确保商品从生产地到消费地顺畅流动的关键环节。它涵盖产品、服务及其相关信息的规划、实施和控制过程，旨在满足顾客的需求，同时力求降低成本，提高效率。在这个过程中，每个环节都需要精密策划与严格管理，以确保供应链的畅通无阻和高效运作。

冷链物流，作为物流领域的一个特殊分支，其复杂性和重要性不言而喻。它涉及采购、生产、加工、仓储、运输、销售等多个环节，每个环节都需要严格控制温度，以确保生鲜产品和冷冻食品在流通过程中始终处在适宜的低温环境。这种对温度的要求，使冷链物流不仅仅是一个简单的物流过程，更是一个涉及多门学科和多种技术的复杂的系统工程。在冷链物流中，生鲜产品和冷冻食品的新鲜度与质量至关重要。为了保证这些食品的品质，冷链物流需要在每个环节都进行严格控制和操作。例如，在采购阶段，需要对食品进行严格的筛选和分类，以确保进入冷链的食品都符合质量标准；在生产加工环节，需要采用先进的工艺和设备，以确保食品在生产过程中不会受到污染或损坏；在仓储和运输阶段，需要使用专门的冷藏设备和保温材料，以确保食品在存储和运输过程中始终处于适宜的低温环境；在销售阶段，需要对食品进行严格的温度控制，以确保食品在销售过程中不会变质。冷链供应流程如图 2-1 所示。

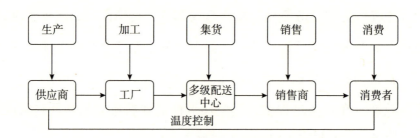

图 2-1　冷链供应流程

随着科技的日新月异，新型的冷藏技术和设备层出不穷，这为冷链物流提供了更广泛的选择和更强大的技术支持。然而，技术层面的挑战也不容忽视，如设备故障、温度波动等问题，这些都可能给冷链食品带来质量上的风险。因此，冷链物流行业需要持续引入新技术，提升整体的技术水平，从而确保食品在整个流通过程中的品质稳定性。通过不断的技术创新和优化，冷链物流能够更好地满足市场需求，为消费者提供更加新鲜、安全的食品。

二、冷链物流的特点

冷链食品（如水产品）含水量高，微生物会在短时间内快速生长繁殖，使得冷链食品可能在较短时间内发生品质变化。所以，需要了解不同冷链食品的特点，在保存时设定不同的冷藏温度，以确保产品质量和安全。不同温度范围的冷链食品分类见表2-1。下面从3个维度对冷链物流的特点进行分析：一是运输对象，即冷链食品本身的特性；二是运输设备，即用于运输冷链食品的设备；三是特殊性，即冷链物流相较于普通物流的独特之处。

表 2-1　不同温度范围的冷链食品分类

温度	存储条件	主要商品
-18℃	冷冻储存	肉类、冰激凌、速冻食品、冷冻水产品
-2℃~2℃	冰温储存	海产品、果汁
2℃~10℃	冰藏储存	蔬菜、鲜奶、酸奶、便当、面包
10℃~25℃	恒温储存	巧克力、糖果

1. 运输对象

初级农产品、加工产品和特殊产品构成了冷链物流的主要运输对象，这些运输对象的具体类别如图 2-2 所示[3]。在配送过程中，冷链品必须严格遵循"3T"原则，即时间（Time）、温度（Temperature）和产品耐储藏性（Tolerance），三者的协同作用对产品的最终质量具有决定性的影响。"3T"原则是冷链物流运作中必须遵守的基本原则。需要强调的是，随着运输时间的延长和存储温度的变化，冷藏品品质的下降会呈现出累积性和不可逆性的特征。这意味着一旦冷链出现问题，产品质量的下降将是一个持续且无法逆转的过程[4]。因此，冷链物流的每一个环节都必须严格把控，确保产品在整个流通过程中始终保持最佳状态，以满足消费者对食品安全和品质的高要求。

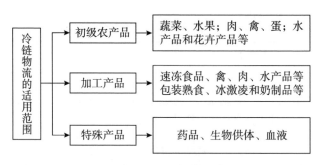

图 2-2　冷链物流的适用范围

2. 运输设备

冷链运输领域广泛应用着多种设备，其中冷藏车、冷藏集装箱、冷藏专用运输箱、干冰式冷藏箱及冷链运输袋等是最常见的运输工具。这些设备各具特色，适用于不同的运输场景和需求。

冷藏车，作为冷链物流的主力军，因其良好的保温性能和较大的装载容量，广泛应用于长距离、大批量的食品运输。

冷藏集装箱则以其标准化和模块化的设计，在国际贸易和多式联运中发挥着重要作用。

冷藏专用运输箱以其便携性和灵活性著称，适用于小批量、短距离的冷链运输，如餐饮配送、生鲜电商等领域。

干冰式冷藏箱具有无须外接电源的特性和长时间保温能力，特别适用于野外作业、应急救援等场景。

冷链运输袋以其轻便、易折叠的特点，适用于短途、小件的冷链运输，如实验室样本、药品等。

表2-2中详细列出了冷链运输设备的特点及适用范围，为冷链物流从业者提供了参考依据。根据运输需求选择合适的冷链运输设备，对于确保产品质量、提高运输效率具有重要意义。

表 2-2　运输设备特点及其适用范围

运输设备	特点	适用范围
冷藏车	具有制冷装置和隔热设备的封闭厢式运输车	易腐烂或对温度有特定要求的冷冻或保鲜货物运输
冷藏集装箱	具有良好的隔热性、气密性，可经受恶劣运输条件	各类易腐烂的冷藏货物的运输和储存
冷藏专用运输箱	采用聚氨酯整体发泡成型工艺，隔热和保温的效果极佳，自带液晶温度显示器	容积不大、价值较高、需要单独包装使用的冷链产品
干冰式冷藏箱	温度调节精度高、高效节能、绿色环保、无毒无害、无腐蚀、无污染、安全可靠	运输批量小、配送频率高的货物
冷链运输袋	容量大、保冷时效长、结实耐用、冷源释放缓慢、无水渍污染、可重复使用、无毒无味、绿色环保	运输批量小、配送频率高的货物

　　鉴于本书聚焦于配送问题的探讨，并综合考虑了不同配送工具的特性，在本书所研究的配送场景中一律采用冷藏车来执行货物运输任务。

3. 特殊性

（1）货损高

　　冷链产品对温度很敏感，如果温度过高，就会增加新鲜食物的呼吸作用，加快微生物的繁殖，提高酶的活性，加速冷链产品的腐烂；如果温度过低，新鲜产品的酶活性会降低，甚至被破坏，失去活性，冷链产品就会被冻结，不宜食用。所以，冷链产品在存储和运输过程中对温度的要求比较高，需要保持在适宜的、恒定的、低温的环境条件下，从而减少货损，给企业带来成本的降低及利润的增加。

（2）时效高

冷链产品易腐烂。因此，与一般物流产品相比，冷链产品对时间的要求更高。交货时间越长，产品变质的可能性越大，这会影响产品质量和销量，降低企业利润。要保证配送的及时性，需要专业的设备、最佳的选址和配送路线方案，以及最专业的人员来最大限度地满足客户需求。配送的时效性体现了客户对配送时间的要求，即客户时间窗，这使得冷链物流在配送过程中要考虑违反时间窗的惩罚成本。

（3）成本高

由于设备特殊、技术要求高、时效性强，因此冷链物流在运输和储存方面的成本远高于普通物流。例如，在冷库建设时，不但需要使用比较特殊的保温材料，而且要配备制冷设备和温度监控系统，与普通仓库相比，冷库的整体建设成本要高出许多。在储存过程中，为了使冷链产品保持在低温环境中，制冷设备必须不断运转，这会增加因制冷而产生的成本。在运输过程中，需要使用带有冷藏设备的车辆，这些车辆的成本至少是普通运输车辆的三倍。因此，在优化冷链物流配送时，选址和车辆调度方案往往以成本最低为目标。

（4）标准高

冷链物流为了保证产品品质，在整个物流流程的不同阶段都要遵守一定的原则。冷链产品在加工过程中需要遵循"3C"原则［即冷却（Chill）、清洁（Clean）、小心（Care）］和"3P"原则［即原料（Products）、加工工艺（Processing）、包装（Package）］。冷链产品在储存和配送过程中需要遵循"3T"原则[1]。在整个运输过程要遵循"3Q"原则［即设备质量标准一致（Quality）、设备数量协调（Quantity）、快速的作业组织（Quick）］和"3M"原则［即保鲜方法（Method）、保鲜工具（Means）与管理措施（Management）］。由以上原则可以看出整个冷链物流网络的要求标准非常高。

---

[1] 即产品最终质量取决于冷链的储藏与流通的时间（Time）、温度（Temperature）和产品耐藏性（Tolerance）。

第二节 冷链物流配送网络的内涵

冷链物流配送网络与其他供应链网络的根本区别在于"冷链"一词，所以，冷链物流配送网络具有一般物流网络的特征。《物流术语》（GB／T 18354—2021）中关于物流网络的定义为"通过交通运输线路连接分布在一定区域的不同物流节点所形成的系统"。从这个定义可以得出，完整的物流网络是一个网状配置系统，主要包含运输线路和物流节点两个部分。因此，优化物流网络布局就是优化物流节点和各个节点之间的路径，使其形成合理的空间布局。

冷链物流配送网络是一个复杂且庞大的系统，涉及多个环节和多个参与方，旨在确保易腐和对温度敏感的产品在整个流通过程中的质量。冷链物流配送网络的内涵主要包括以下几个方面。

一、构建物流节点和高效的配送线路

物流节点和配送线路不仅包括传统的生产地、物流配送中心和客户环境，还包括冷链产品的预冷环节、冷藏环节、特殊包装环节和低温配送环节。通过对这些节点和线路进行优化配置，可以实现产品从生产到消费的快速、准确、安全流通。

二、注重服务要求的多样化和客户需求的时变性

由于不同产品对温度、湿度等环境条件的要求不同，且客户需求也会随着市场变化不断调整，因此冷链物流配送网络需要具备高度的灵活性和适应性，以满足不同客户的个性化需求。

三、依赖先进的温控技术和设备

冷链物流配送技术和设备包括冷藏车、冷藏集装箱、温度监控系统等，它们能够确保产品在运输和储存过程中始终处于适宜的温度范围内，从而保证产品的品质和安全。

四、注重组织协调性和成本控制

由于冷链产品具有易腐性和时效性等特点，因此需要在各个环节之间建立紧密的协作关系，以确保信息及时传递和问题快速解决。

同时，还需要通过优化运输路径、提高装载率等方式降低运营成本，提高整体效益。

冷链物流配送网络的内涵十分丰富，涉及物流节点和线路的优化、服务要求的多样化、客户需求的时变性、先进的温控技术和设备的应用，以及组织协调性和成本控制等多个方面。通过不断完善和优化冷链物流配送网络，进一步提高冷链物流的效率和安全性，可以满足人们对高品质生活的追求。

第三节　物流配送网络优化问题

一、物流配送网络节点选址问题

1. 物流节点选址规划的意义

物流节点选址是指确定整个物流网络中所需节点的数量、地理位置，以及服务对象的分配方案。在配送网络规划与设计中，物流节点选址是一个重要的决策问题，决定了整个物流网络的模式、结构和形状。

在一个物流网络中，物流中间节点数量的增加，虽然可以提高服务及时率，降低缺货率，但往往会引起库存量增加及由此引起的库存成本的增加。因此，在规划与设计配送网络时，减少物流中间节点的数量、扩大物流中间节点的规模是降低库存成本的重要措施。同样，在规划与设计配送网络时，物流节点的数量与运输成本之间会形成制约关系，增加物流节点数量，可以缩短运输距离、降低运输成本，但是当物流节点的数量增加到一定程度时，单个订单的数量过小，会增加运输频率，并且达不到运输批量，从而造成运输成本大幅上涨。因此，确定合适的物流节点数量，是选址的主要任务之一。

2. 物流节点的功能与种类

（1）物流节点的功能

物流节点是供应链中货物运往最终顾客过程中临时停靠的地方，供应链物流效率的发挥依赖于物流节点的位置和功能配置。现代物流中的物流节点不仅执行一般的物流职能，还越来越多地执行协调管理、调度和信息等职能。

1）物流处理功能。物流节点是供应链物流网络的重要组成部分，是仓储保管、物流集疏、流通加工、配送、包装等物流活动的载体，是完成各种物流功能、提供物流服务的重要场所。因此，物流处理功能是物流节点所具备的基本功能。

2）衔接功能。物流节点把各条物流线路联结起来，使各条物流线路通过节点成为相互贯通的网络结构，同时将各种物流活动有效地联系起来，使各种物流活动通过物流节点的整合实现无缝衔接。物流节点的衔接效率将影响整个供应链物流网络的效率。物流节点的衔接功能体现在很多方面，如通过转换运输方式衔接不同运输手段；通过加工、分拣、配货衔接干线物流及配送物流；通过储存和保管衔接不同时间的供应物流与需求物流；通过集装箱、托盘等集装处理衔接整个"门到门"运输，使之成为一体。

3）信息功能。供应链物流网络中的每个物流节点也是一个信息点，各方面的信息都在物流节点流进或流出，因此物流节点是整个供应链物流网络信息传递、收集、处理和发送的集中地。在现代物流系统中，若干信息点和物流系统的信息中心结合起来，组成指挥、管理、调度整个物流系统的信息网络，这是建立供应链物流网络的前提条件。

4）管理功能。供应链物流网络的管理设施和指挥机构往往集中设置在物流节点。实际上，物流节点大都是集管理、指挥、调度、信息、衔接及货物处理为一体的物流综合设施。管理功能也是物流网络的神经枢纽，整个物流网络运转的有序化和正常化，以及整个物流网络的效率和水平都取决于物流节点的管理职能的实现情况。

（2）物流节点的种类

在供应链物流的发展过程中产生了许多类型的节点，这些节点在供应链的不同阶段发挥着不同的作用。

1）转运型物流节点。转运型物流节点是以连接不同线路和不同运输方式为主要职能的节点。一般而言，这种节点处于运输线上，又以转运为主，因此货物在这种节点上停滞的时间较短。铁道运输线上的货站、编组站、车站，水运线路上的港口、码头，以及空运中的空港都属于转运型物流节点。连接不同方式之间的转运站和中转仓库等节点都属于该类节点。

2）储存型物流节点。由于储备的需要或者生产和消费的季节性等，一些货物需要储存一段时间。储存型物流节点就是带有储备性质的、以存放货物为主要职能的节点。货物在这种节点上停滞时间较长。在物流网络中，储备仓库、营业仓库、货栈等都属于该类节点。

3）流通型物流节点。流通型物流节点是连接干线物流与末端物流，以货物配备和组织送货为主要职能的节点，在社会系统中则是以组织物资流通为主要职能的节点。现代物流中经常提到的流通仓库、流通中心、配送中心就属于该类节点。

4）综合型物流节点。综合型物流节点是在物流网络中把两种以上主要功能集中于一个节点，并且在该节点上并非独立完成各自功能，而是将若干功能结合在一起，有完善的设施、有效的衔接和协调各个工艺流程的集约型节点。这种节点是适应物流大量化和复杂化，适应物流更为精密、准确，在一个节点上要实现多种转化而使物流系统简化、高效的要求而出现的。

上述物流节点的分类并不是绝对的，现实中各类节点的功能往往是交叉并存的。各种以主要功能分类的节点，往往可以承担其他职能。例如，转运型物流节点往往设置储存货物的货场或站库，从而具有一定的储存功能。但是，由于其所处的位置的主要职能是转运，按照主要功能分类会被归入转运型物流节点之中。

3. 物流节点选址规划的目标

（1）成本最小化

在物流中心选址规划中，成本最小化是一个核心目标。与物流节点选址有关的成本主要有运输成本和设施成本。

1）运输成本。运输成本取决于运输数量、运输距离和运输单价。运输数量如果没有达到运输批量，就不能形成规模经济，这会影响总的运输成本。当物流节点的位置设计合理时，总的运输距离就小，运输成本就会下降。运输单价取决于运输方式和运输批量，与物流节点所在地的交通运输条件及顾客所在地的交通运输条件直接有关。

2）设施成本。设施成本包括固定成本、存储成本与搬运成本。固定成本是指那些不随设施的经营活动水平而改变的成本，如设施建造成本、税金、租金、监管费和折旧费等。设施建造成本与土地成本有关，取得土地使用权的费用与物流节点选择的地点直接相关。即使采用租赁经营方式，土地成本也会在租金中体现出来。存储成本是指那些随设施内货物数量变化而改变的成本。也就是说，如果某项成本随设施中保有的库存水平变化而变化，该项成本就可以归为存储成本。典型的存储成本有仓储损耗、某些公用事业费、库存占用的资金费用、库存货物的保险费等。搬运成本是指随着设施吞吐量而变化的成本。典型的搬运成本有存取货物的人工成本、某些公共事业费、可变的设备搬运成本等。

（2）物流吞吐量最大化

物流吞吐量最大化是物流中心选址规划中的重要目标之一。通过提升反应作业能力、优化位置等手段，物流中心能够实现更高的物流吞吐量，提升服务质量和效率，进而增强市场竞争力。物流吞吐量是指物流中心在一定时间内能够处理的货物数量或价值。当物流中心能够快速响应市场需求、高效处理货物时，其吞吐量将大幅增加。这不仅有助于提高物流中心的运营效率和客户满意度，还能够降低库存水平和运营成本。物流吞吐量最大化将增强物流中心的市场竞争力。在竞争激烈的物流市场中，拥有高效、快速、准确的物流服务能力的物流中心将更具吸引力。通过选址规划实现物流吞吐量最大化，物流中心将能够在市场中占据有利地位，提高市场占有率，扩大利润空间。

（3）服务最优化

在物流中心的选址规划中，实现服务最优化至关重要。为了实现这个目标，我们需要聚焦于提升物流服务的速度与准时率。通过合理的选址规划，可以缩短物流服务的响应时间，提高物流速度，确保货物能够迅速到达客户手中，满足其对快速物流服务的需求。同时，优化物流中心的位置也能确保货物按时送达，提高准时率，从而大大增强客户的满意度。这样的规划可以有效提升物流服务的质量和效率，为企业赢得更多客户的信任与支持。

（4）发展潜力最大化

为了确保物流节点的长期竞争力，必须充分考虑未来市场、政策和技术等因素的变化。首先，市场需求增长潜力是评估选址区域是否具有发展潜力的关键因素。一个选址区域的市场需求是否持续增长，将直接影响物流节点的货物吞吐量和运营效益。其次，良好的交通条件对于物流节点的货物集散和运输至关重要，它能够有效降低物流成本，提高运输效率，从而增强物流节点的竞争力。再次，政策环境同样不可忽视，政府的支持和优惠政策能够为物流节点的发展提供有力保障，促进其在市场环境中稳健成长。最后，先进的信息技术和物流技术能够显著提升物流节点的运营效率与服务质量，为其在激烈的市场竞争中赢得优势。因此，在选址时，必须综合考虑这些因素，选择具有长期竞争力的区域，以实现物流节点发展潜力的最大化。

（5）社会效益最大化

社会效益最大化意味着在资源配置过程中，不仅要追求经济效益的增长，还要兼顾社会经济发展的需求、资源节约和环境保护等多方面的目标，以实现社会的整体福祉最大化。合理的物流节点选址应能够带动周边地区的经济发展，形成产业集聚效应，提高区域经济的竞争力；同时，也要确保物流服务的高效与便捷，快速响应市场需求，满足社会对物流服务的高品质要求。在选址过程中应注重资源节约和环境保护，通过降低运输成本、减少能源消耗、避免对生态环境造成破坏等措施，实现绿色物流，推动社会的可持续发展。

4. 物流节点选址的原则[5]

（1）战略性原则

在物流节点选址时，要具有战略性眼光，根据近期和长远的货物流通量，确定物流节点近期和长远的建设规模，进行统一规划。

（2）适应性和协调性原则

物流节点选址决策应该与国家或地区的经济发展方针、政策相适应，与社会发展相适应，同时要把国家或地区的物流系统作为一个大系统来考虑，使物流节点的设施设备在地域分布、物流作业生产力、技术水平等方面与大物流系统相协调。

（3）科学性原则

物流节点如何选址，一般来说，取决于出于哪种考虑建立物流节点。如果以解决市内交通拥挤、缓解城市交通压力为重点考虑建立物流节点，那么可将其建在城乡连接处。如果以经济效益为重点考虑建立物流节点，则可以将其建在交通枢纽地区或产品生产与销售的集散地区。根据物流节点在城市物流产业发展及物流体系中的地位和作用，可将其分为综合物流节点和专业物流节点。前者以现代化、多功能、社会化、大规模为主要特征；后者则以专业化、现代化为主要特征，如港口集装箱、保税、空港、钢铁基地、汽车生产基地等。专业物流节点选址只要符合它自身的专业要求即可。综合物流节点的选址主要有以下几种情况：

1）位于城市中心区的边缘地区，一般在城市道路网的外环线附近建设综合物流节点。

2）位于交通枢纽中心地带的综合物流节点，至少有两种运输方式连接，特别是铁路和公路。

3）位于土地开发资源较好的地区的综合物流节点，用地充足，成本较低。

4）位于城市物流节点附近，现有物流资源基础较好，一般有较大物流量产生，如工业中心、大型卖场等，可利用和整合现有的物流资源。

5. 物流节点选址的影响因素

物流节点选址对企业的运营效率和成本控制具有极其重要的意

义,起着至关重要的作用。在实际的选址决策中,不仅要考虑每个选址方案引起的运输成本和库存成本的变化,还要考虑多方面的因素。在选址决策中,影响因素可被划分为两大类:外部因素和内部因素。外部因素主要包括宏观政治与宏观经济环境、基础设施状况及其周边环境、供应商稳定性与市场动态,以及竞争对手的发展趋势等。而内部因素则主要涉及企业自身的发展战略、产品特性、技术水平和服务特点等。这些因素共同构成选址决策的复杂考量框架。

(1)选址决策的外部因素

1)宏观政治与宏观经济环境。在选址决策过程中,企业必须全面考虑宏观政治与宏观经济两大关键因素。在宏观政治方面,需要深入探究候选地点所在国家的长远发展战略、政权稳定性、法制完备性及潜在的贸易禁运风险,以确保企业能够在政治稳定、法律健全且环境友好的地方开展业务。宏观经济因素,特别是税收政策、关税政策及汇率变动等直接关系到企业的运营成本、市场准入及资金安全。因此,企业必须对这些经济指标进行细致分析,以选择税收优惠、关税合理且汇率稳定的经营环境,从而为企业的长远发展奠定坚实基础。通过综合考量这些宏观因素,企业能够制定出符合自身发展战略的选址策略。

2)基础设施状况及其周边环境。基础设施因素主要包括现有物流基础设施、交通运输情况、通信设施的可利用性等。在企业运作中，物流成本往往超过制造成本，而良好的基础设施对于降低物流成本具有重要作用。交通便利条件是影响物流成本和效率的重要因素之一。交通运输不便将直接影响车辆配送的效率。同样，通信设施的质量、成本对于选址决策也是重要的影响因素。因为信息流的通畅快捷对降低需求的变动、降低库存成本都有重要意义。环境因素主要包括自然环境及社会环境，如城市与区域发展的总体规划情况，原材料、燃料、动力、土地、自然条件等生产因素的供应情况，劳动力的供应数量和素质，以及劳动力成本等。劳动力成本对劳动密集型行业来说非常重要。有的企业很看重蓝领工人的供给量，而有的企业对科技人才的需求更多。

3）供应商稳定性与市场动态。供应商及产品销售市场的分布也是物流节点选址应该考虑的重要因素。物流节点离供应市场越近就越能保障生产计划，其安全库存可以控制在较低的水平上，并能及时根据供应情况调整生产计划。物流节点离产品市场越近就越能提高对顾客的反应速度，并能快速得到市场的反馈信息及时调整产品生产结构。

4）竞争对手的发展趋势。在企业选址决策中，必须考虑到竞争对手的发展情况，根据企业产品或服务的自身特征，来决定是靠近竞争对手还是远离竞争对手。在某些情况下，特定地区的服务市场可能太小而不能容纳两个或更多的竞争者（如每个街区一家汉堡店），因此，这时的选址会侧重于一个没有竞争者的地点。与之相反的情况同样可能发生，有时靠近竞争对手似乎更可取。积极外部性是指许多企业邻近布局使它们之间相互受益。积极外部性的存在，促使企业相互靠近布局，即当市场氛围有利于实现双方共赢时，企业常常会把设施建在竞争对手的旁边。

（2）选址决策的内部因素

在选址决策过程中，内部因素发挥着举足轻重的作用，深刻影响着最终的选择。首先，企业的性质和战略目标为选址定下了基调。不同性质的企业，如生产型、服务型或研发型，对选址有不同的需求侧重点。例如，生产型企业更注重土地资源的丰富性、原材料获取的便捷性，而服务型企业则可能更看重市场接近度和消费者便利性。企业的战略目标，无论是市场扩展、成本控制还是品牌塑造，都会在选址策略中有所体现。其次，企业所提供的产品或服务特性对选址决策具有细化作用。某些特定产品或服务可能需要特定的环境或设施支持，如高科技研发需要接近科研机构和高校，以便获取科研支持和人才资源。同时，依赖自然资源或特定气候条件的产品，如农产品或特色手工艺品，其生产地的选择也会受到相应的限制。再次，运营成本与效率是企业在选址时不可忽视的考量因素。租金、税收、人力资源成本等直接影响到企业的盈利能力，而交通物流的便捷性、供应链的响应速度则关系到企业的市场竞争力。因此，在选址时需要综合考虑这些因素，以找到成本效益最优的地点。最后，企业文化和领导偏好也会在选址过程中产生一定的影响。企业文化可能使决策者倾向于选择具有创新氛围或特定文化背景的地区，以激发员工的创造力和归属感。而领导的偏好主要基于对特定地区的熟悉程度、个人情感联系或者对未来发展的预期。

（3）设施选址影响因素的权衡

在做选址比较时，影响因素很多，因此需要根据设施的要求，针对几个主要因素进行分析。有时经济因素是决定方案的关键，有时非经济因素起决定性作用。在考虑这些因素时，需要注意以下几点。

1）必须仔细权衡所列出的影响因素，分析哪些是与设施选址紧密相关的，哪些虽然与企业经营或经营结果有关，但是与设施位置的关系并不大，以便在决策时分清主次，抓住关键。

2）在不同情况下，同一影响因素会有不同的影响作用，因此，不可生搬硬套任何原则条文，也不可完全照搬已有的经验。

3）对于制造业和非制造业的企业来说，要考虑的影响因素及同一因素的重要程度可能有很大的不同。

6. 物流节点选址的步骤

在进行物流节点选址规划时，需要综合考虑货物流通的各种影响因素，对物流节点的位置、规模、服务范围等进行研究和分析，以达到成本最小、流量最大、服务最优等目标。

（1）分析约束条件

约束条件在一定程度上会限制物流节点的选址决策。在进行物流节点选址时，面临的约束条件主要包括以下几个。

1）资金约束，不同的区位价格差异较大。

2）交通运输条件，如对某些顾客而言，公路运输是唯一可选择的运输方式，因此在选址时应侧重选择公路交通枢纽附近或交通干线附近。

3）能源条件，供热、供电等能源系统是物流节点必不可少的基础。

4）周边软环境约束，税收、关税等与物流节点选址决策直接相关。

此外，一些特殊的物流节点还受地质条件，以及温度、湿度、雨量等气候条件的约束。

（2）收集整理资料

确定物流节点的选址方案需要对各种相关因素进行定性和定量分析，这就需要收集整理大量的数据资料。收集整理的资料包括顾客分布、顾客生产经营状况、产品特征、物流量、交通状况、运输批量和频率、物流节点建设成本、顾客对时效性的要求等。概括起来主要包括两个方面：一是业务量，包括节点之间的运输量和物流设施的存储量；二是费用，包括节点之间的运输费，以及与设施、土地有关的费用和人工费等。

（3）确定初步地址

对收集的资料进行充分的整理和分析，在考虑主要的影响因素、约束条件和需求预测情况之后，聘请专家和高层管理人员初步确定选址范围，即确定初步地址。

（4）建立模型进行定量分析

随着数学和计算机的发展，数学方法广泛用于解决节点选址问题。在进行具体的物流节点选址时，需要根据对现有已知条件的掌握、选址要求等，针对不同情况建立一个或多个具体模型进行定量分析，如重心法、鲍摩·瓦尔夫（Baumol-Wolfe）模型、CFLP（Capacitated Facility Location Problem，带容量限制的多设施选址问题）模型等。

（5）评价结果

对计算结果进行评价，对其现实意义和可行性进行分析。

（6）确定选址方案

以定量分析结果为基础，结合专家判断等定性分析，最终确定选址方案。

7. 物流节点选址问题分类

（1）按照设施对象划分

不同物流设施的功能不同，在选址时所考虑的因素也不相同。在决定设施定位的因素中，通常某一个因素会比其他因素更重要。在工厂和仓库选址中，最重要的因素通常是经济因素；在零售网点选址时，最重要的因素一般是零售服务顾客的消费偏好；在服务设施（如医院、银行）选址时，到达的容易程度则可能是首要因素，在收入和成本难以确定时尤其如此。在地点带来的收入起决定性作用的选址问题中，用地点带来的收入减去场地成本就可以判断出该地点的盈利能力。

（2）按照设施的数量划分

按照设施的数量划分，物流节点选址问题可分为单设施选址和多设施选址两类。单设施选址是在特定区域内寻找一个最优物流节点，适用于需求集中、规模较小的场景，主要考虑地理位置、成本和市场需求。而多设施选址则需要在区域内选定多个最优物流节点，适用于需求分散、规模较大的情况。多设施选址更复杂，需要考虑网络布局、服务范围划分、资源分配及节点间的协同与竞争，以确保整个物流网络的高效运行和资源优化利用。

（3）按照选址目标区域的特征划分

按照选址目标区域的特征，物流节点选址问题分为连续选址和离散选址两类。连续选址问题是指在一个连续空间内所有点都是可选方案，要求从数量无限的点中选择其中一个最优的点。连续选址常用于设施的初步定位问题。离散选址问题是指目标选址区域是一个离散的候选位置的集合，并且候选位置的数量通常是有限的，可能事先经过了合理分析和筛选。离散选址是比较切合实际的，常用于设施的详细选址设计问题。

（4）按照目标函数划分

按照选址问题所追求的目标和要求不同，模型的目标函数可分为以下几种。

1）中值问题（Median Problem）：是选定设施的位置，使全部或平均性能最优的问题，通常是使成本最小，如使总（平均）运输距离最小、总（平均）需求权距离最小、总运输时间最短，或者使总运输费用最小等，故又称为最小和问题。这里的距离是指需求点与最近设施之间的距离，需求权距离是指需求点的需求量和该需求点与最近设施的距离的乘积。这种目标通常在企业问题中应用，如工厂、仓库的选址等，故又称为"经济效益性"目标。公共设施的选址也可以采用这个标准衡量选址的效率，如学校、图书馆、邮局的选址等，故有人将其称为"集体福利性"目标。

2）中心问题（Center Problem）：是指选定设施的位置，使被选择设施位置离最远需求点的距离（或成本）最小的问题，如使最大反应时间最短、使需求点与最近设施的最大距离最小或使最大损失最小等，故也称为极小化极大问题。中心问题的目标是使最坏的情况最优，这是一种保守的方法，通常在军队、医院、紧急情况和有服务标准承诺的服务行业（如比萨店承诺半小时内把订餐送到）中使用。中心问题的目标是 min-max 型的目标函数，有时也称为"经济平衡性"目标。

3）反中心问题（Anti Center Problem）：是指选定设施的位置，使被选择设施的位置离最近需求点的距离（或成本）最大的问题。反中心问题的目标也是优化最坏的情况，这种目标通常在有害设施（如废水处理厂、垃圾回收站等）选址中使用，是 max-min 型的目标函数。

4）单纯选址问题（Pure Location Problem）：如果新设施和已存在设施间的关系与新设施的位置无关，而且是固定的，则选址问题成为单纯选址问题，也称为有固定权重的选址问题。

5）选址分配问题（Location-Allocation Problem）：如果新设施和已存在设施间的关系与新设施的位置相关，那么这些关系本身就成为变量，这种问题被称作选址分配问题。例如，配送中心的顾客分配问题，添加一个新的配送中心不仅会改变原配送中心的顾客分配，还会改变配送中心到顾客的距离。

8.物流节点选址优化模型及其求解方法

选址问题是运筹学中非常经典的问题。本部分总结整理了常用的选址模型及其特点（见表2-3），以及选址常用方法及其优缺点（见表2-4）。

表2-3　常用的选址模型及其特点

模型名称	目标函数	特点
重心法选址模型	运输成本最小	①选址区域为连续平面；②距离为欧几里得距离；③需求量看作重量
p-中值（p-median）模型	平均距离（时间）最小	①选址区域为有限点组成的集合；②距离求法无限制；③限制配送中心为 p 个；④每个需求点仅能由一个配送中心供给
p-中心（p-center）模型	每个需求点到最近设施的最大距离最小	①选址区域为有限点组成的集合；②距离求法无限制；③限制配送中心为 p 个；④每个需求点仅能由一个配送中心供给
集合覆盖模型	最小费用覆盖所有需求点	①至少要建立一个配送中心；②覆盖距离对成本和配送中心的数量有较大的影响

续表

模型名称	目标函数	特点
最大覆盖模型	成本固定覆盖最多的需求点	①资源数量有限；②需要确定覆盖距离；③需要确定潜在的配送中心选址点
多目标选址模型	综合考虑各种目标	各个目标间可能相互矛盾
动态选址模型	综合考虑各种目标	①选址区域为有限点组成的集合；②每个需求点仅能由一个配送中心供给；③配送中心服务量等于需求量

表2-4　选址常用方法及其优缺点

选址常用方法		优点	缺点
定性分析法	专家打分法	注重历史经验，简单易行	①容易犯经验主义和主观主义的错误；②当可选地点较多时，不易做出理想的决策，导致决策的可靠性不高
	德菲尔法		

续表

选址常用方法		优点	缺点
定量分析法	重心法	计算简单	不能精确求出最佳位置
	最优规划（精确算法）	通过目标规划求解往往能获得比较精确的解	①复杂的问题背景下很难建立与之相对应且合适的规划模型；②复杂背景下的模型过于复杂，计算过程耗费的时间也比较长，很难得到最优解
	启发式算法	个体能够基于经验或者个体之间的经验交流改变搜索方式，是一种有目的或者有策略的方法	启发式算法很难求得全局最优解；启发式算法中参数的取值对算法的求解结果有很大的影响
	仿真法	①能够解决用解析方法难以解决的十分复杂的问题；②仿真可以用于动态过程，可以通过反复试验求最优解；③可以在较短的时间内得到结果	分析者必须提供预订的各种网点组合方案以供分析评价，并从中找出最佳组合

二、物流配送网络车辆路径问题

1. 车辆路径问题的基本概念

车辆路径问题是 Dantzing 和 Ramser[6] 在 1959 年发表的 *The Truck Dispatching Problem* 中提出来的。该问题是较为常见的组合优

化问题，可以简单描述为如下形式：在一个由若干配送中心（装货点）和多个客户（卸货点）构成的区域内，在满足一定的约束（如车容量限制、客户服务时间窗限制）的条件下，对配送车辆和配送路线进行合理的规划，为指定的客户提供服务，并实现预先设定的目标。车辆路径问题的示意图如图 2-3 所示。

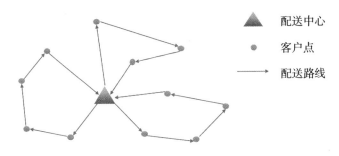

图 2-3　车辆路径问题的示意图

2. 车辆路径问题的构成要素

由图 2-3 可知，车辆路径问题的构成要素主要包括配送中心、配送车辆、客户、配送路网、货物等[7]，见表 2-5。

表 2-5　车辆路径问题的构成要素

构成要素	属性
配送中心	单一功能 / 多功能、租用 / 自建
货物	种类、质量、体积等
配送车辆	车容量、车型、配送距离、配送时间、车辆数目、自有 / 租用

续表

构成要素	属性
配送路网	有向网络 / 无向网络、静态 / 动态 / 不确定网络、运输费用
车辆选择与配置	客户由单一车辆 / 多车辆配送、配送车辆返回 / 不返回配送中心
客户	客户需求量、有 / 无客户时间窗、送货 / 收货 / 送货 + 收货、计划周期、确定性需求 / 不确定性需求、客户优先服务顺序
优化目标	成本最小、距离最短、时间最短等

（1）配送中心

配送中心是一个货物流通中转站，是进行集货、拣选、配货作业的地点。在一个配送系统中，配送中心的个数是不确定的，可以有一个配送中心，也可以有多个配送中心。应根据配送系统的规模，以及该系统的配送范围和配送对象的数量确定配送中心的个数。如果配送范围比较广且任务比较多，往往就需要设置多级配送中心执行配送任务，货物要从高一级的配送中心配送到低一级的配送中心，再由低级的多个配送中心将货物送到客户手中。配送中心的数量及其地理位置的选择对配送系统的配送效率很重要。

（2）货物

在冷链物流中，货物作为运输对象，是客户最终需要的产品，其特性对于选择适当的配送车辆类型至关重要。货物的类别、包装和质量等因素直接影响配送车辆的选择，而选择合适的配送车辆可以确保货物在运输过程中的品质、安全和效率。

根据配送产品的名称、包装形式决定车辆的类型，以及决定这批货物是否与其他批次货物一起运送。进行车辆装载决策应依据货物的重量和体积，而车辆的配送时间和配送路线主要取决于货物的送到（或取走）时间和地点。当某批货物的运输总量（总质量或者总体积）超过车辆运输量的最大限定值或最大限定体积时，则需要更多的货车运输该批货物。

（3）配送车辆

车辆是运送货物的必备工具，是车辆路径问题的必备元素，可从车辆类型、车辆载重和最大行驶距离三个方面来决定。在冷链物流中，冷藏车是整个冷链系统中十分重要的固定资产，这是因为配送任务完全由其完成；在冷链物流路径优化中，需要结合实际情况，合理配备冷藏车的数量和规格，以降低成本。

（4）配送路网

运输网络是物流系统中一个至关重要的组成部分，由顶点（如配送中心、客户等）、有向弧和无向边构成。顶点代表网络中的关键位置，如有战略意义的配送中心和最终的客户，它们各自承载着不同的功能和角色。有向弧则连接着这些顶点，表示单向的运输路径，并带有权值，以反映运输过程中的距离、时间和费用等成本。这些权值在运输决策中起着关键作用，因为它们直接影响运输的效率和成本。虽然无向边在运输网络中比较少见，但它们表示顶点之间的双向运输通道。在设计和优化运输网络时，需要综合考虑顶点的位置、数量、功能，以及有向弧和无向边的权值，以实现货物从起点到终点的快速、经济和安全运输。随着技术的发展，现代工具和方法，如大数据和人工智能算法的应用，使运输网络的优化更加智能和高效。

（5）配送车辆

配送车辆的安排是一个灵活多变的过程，需要根据客户的具体需求和配送中心的资源情况来确定。当客户需求量较小或紧急时，可以采用单一车辆配送，以确保快速响应和成本效益。然而，当客户需求量大或分散时，多车辆配送则更为合适，这样可以提高配送效率和满足多样化需求。此外，配送车辆是否返回配送中心也是一个需要考虑的因素。如果配送中心有足够的车辆资源且配送任务完成后车辆需要维护和保养，那么车辆返回配送中心是理想的选择。然而，在配送任务分散或车辆资源紧张的情况下，车辆不返回配送中心可能更为经济高效，但也需要确保车辆能够得到充分的检查和维护，以及司机了解相关的注意事项和应对措施。

（6）客户

冷链物流服务的客户主要包括大型零售商、商场和仓储中心等需求量较大的企业，而直接面向终端消费者的服务则较少。在冷链物流的配送网络中，这些客户通常被抽象为网络中的节点，节点的需求量成为车辆路径问题中的关键约束条件，直接影响配送车辆的装载能力和路径选择。同时，客户对服务时间的要求构成了时间窗约束，这些时间窗可以是硬性的或软性的，但都需要在配送路径优化过程中予以考虑。在优化配送路径时，必须满足这些约束条件，以实现高效、可靠的配送服务，从而提升客户满意度。

（7）优化目标

合理的车辆路径问题配送方案对配送成本、速度和效益等都有很大的影响。不同的优化目标会得出不同的配送方案，因此必须首先明确优化原则，有效针对特定目标进行路径优化。根据配送中心的实际情况及配送问题的具体要求，车辆路径问题的优化原则通常有以下几种。

1）里程最短。当成本只和行驶里程强相关时，宜采用里程最短为优化目标，忽略不易计算的微影响因素，减少计算量。然而，不是所有的问题里程最短都意味着成本最低，当道路收费和道路条件等对成本影响大到不可忽略时，不适合以里程最短为优化原则。

2）效益最高。当优化目标选择效益最高时，一般以当前效益为主，兼顾长远效益。企业效益反映企业的整体经营状况，通常效益好坏通过利润体现，因此建模时以利润最大化为目标函数。但效益是企业各方面的综合反映，在建模时很难建立与配送路径的函数关系，因此很少采用。

3）成本最低。成本的计算复杂，但相比效益最高，以成本最低为优化原则的计算有所简化。当成本是影响最终效益的决定性因素，且与配送路径强相关时，优化成本等同于优化效益，且具有较强的可行性。

4）准时性最高。准时性最高要求在安排配送顺序时，要以尽量满足所有顾客的时间要求为首要目标，但有时难免顾及成本，甚至优化过程伴随成本的牺牲。准时性是车辆路径问题中的关键服务指标。需要注意的是，以准时性最高为优化原则并不代表着一味地牺牲成本，而是需要建立在控制成本的基础上。

5）吨公里最小。长途运输常选用吨公里最小为目标。此外，以吨公里最小为优化原则还适用于整车发到、多发货站和收费站的情况，以及共同配送模式下。在一般情况下很少采用吨公里最小优化原则。

3.车辆路径问题的分类

经典的车辆路径问题是一个最基本的问题，可以为后续的研究奠定基础，但其约束条件和目标比较单一。随着顾客服务需求的多样化，经典的车辆路径问题已经不能满足实际操作和解决问题。在实际的物流调度过程中，车辆路径问题有很多的限制条件。随着问题研究的深入，专家学者在经典的车辆路径问题中加入了更多的约束，从而使问题更符合现实条件。按照研究的侧重点不同，车辆路径问题可以分为多种类型，见表2-6。

表2-6 车辆路径问题分类

分类标准	类别
配送中心数目	单配送中心车辆路径问题、多配送中心车辆路径问题
配送车辆类型	单车型车辆路径问题、多车型车辆路径问题
配送任务	单纯送货车辆路径问题、单纯取货车辆路径问题、取送货混合车辆路径问题
配送车辆载货情况	满载车辆路径问题、非满载车辆路径问题、满载和非满载混合车辆路径问题
优化目标数量	单目标车辆路径问题、多目标车辆路径问题
客户对取送货时间限制	带硬时间窗的车辆路径问题、带软时间窗的车辆路径问题、带混合时间窗的车辆路径问题、不带时间窗的车辆路径问题
配送车辆完成配送任务，以及是否返回配送中心	封闭式车辆路径问题、开放式车辆路径问题
配送环境	静态车辆路径问题、动态车辆路径问题
不确定信息的类别	随机车辆路径问题、模糊车辆路径问题、鲁棒车辆路径问题
配送层次	单层车辆路径问题、两级车辆路径问题、多级车辆路径问题

4. 车辆路径问题的求解算法

在解决车辆路径问题时常用的求解算法有精确算法、传统启发式算法和智能优化算法，如图2-4。

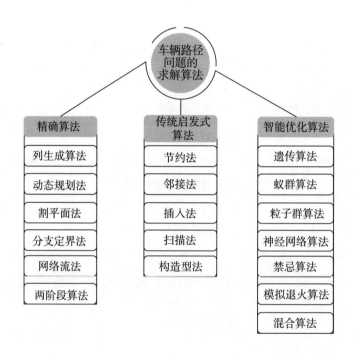

图2-4　车辆路径问题常用求解算法

（1）精确算法

精确算法是一种能够确保找到问题最优解的求解方法，适用于需要精确结果和较小规模的问题。然而，其计算成本较高，因此对于大规模问题可能不太适用。在实际应用中，需要根据问题的具体特点和需求来选择合适的算法。

1）列生成算法：是一种基于单纯形法思想的算法，运用分解方法的基本思想，将原始问题分解为若干个适应计算机能力的子问题，通过求解这些子问题来找到可以进基的非基变量，从而逐步逼近原问题的最优解。该算法适用于处理大规模、复杂的线性规划问题，已被广泛应用于机组人员调度问题、切割问题、车辆路径问题等。

2）动态规划法：是运筹学的一个分支，是求解决策过程最优化的数学方法。它通过将多阶段决策过程转化为一系列单阶段问题，利用各个阶段之间的关系，逐个求解，最终得到整个问题的最优解。其基本原理是通过将问题拆分成若干个子问题，并保存子问题的解，以避免重复计算，从而提高算法的效率。该方法的核心思想是将待求解问题分解成若干个子问题，先求解子问题，然后根据这些子问题的解得到原问题的解。

3）割平面法：最初是由美国数学家格莫理（Gomory）提出的，主要用于解决整数规划和混合整数规划问题。其基本思路是先不考虑整数性约束，求解相应的线性规划问题。若该问题的最优解恰好是整数解，则直接得出整数规划问题的最优解；否则，将增加一个或多个约束条件，这些条件被称为割平面，用来进一步限制解的空间。

4）分支定界法（Branch and Bound）：是一种在整数规划领域中非常重要的算法，主要用于求解整数规划问题，包括纯整数规划和混合整数规划问题。分支定界法是一种搜索与迭代的算法，通过选择不同的分支变量和子问题进行分支。它的基本思想是将全部可行解空间反复地分割为越来越小的子集（称为"分支"），并计算每个子集内的解集的目标下界（对于最小值问题）。在每次分支后，对于界限超出已知可行解集目标值的子集，不再进一步分支（称为"剪枝"），从而缩小搜索范围。

5）网络流法（Network Flow Algorithm）：是一种用于解决网络流问题的算法，起源于对交通网络的分析，并在许多实际问题中得到了广泛应用。它的实现通常需要依赖特定的算法，如 Ford-Fulkerson 算法、Edmonds-Karp 算法、Dinic 算法等。这些算法通过不断寻找增广路（即从源点到汇点的一条路径，其剩余容量是该路径上所有边的最小容量）来增加流量或减少割，从而逼近最大流或最小割。

6）两阶段算法：是一种处理线性规划问题中缺少初始可行基情况的算法。该算法通过在约束条件中引入人工变量，并构造一个只包含人工变量的辅助目标函数来寻找初始基可行解。在第一阶段，求解这个辅助目标函数的极小化问题，从而得到一个包含人工变量的最优解。如果最优解中的人工变量取值为零，且最优基变量中没有人工变量，则进入第二阶段，即去除人工变量并继续求解原线性规划问题。两阶段算法通过这种方法能够克服传统方法在处理缺少初始可行基问题时的困难。

（2）传统启发式算法

1）节约法（Savings Method）：或称为节约里程法，是一种在车辆路径问题中广泛应用的启发式算法。该算法基于一个简单的数学原理，即三角形的两边之和大于第三边，来优化车辆行驶路径，从而达到节约行驶成本的目的。

在车辆路径问题中，通常需要确定一组车辆从配送中心出发，访问多个客户，并最终返回配送中心的最佳路径。节约法的基本思想是通过比较不同路径组合下行驶距离的节约量，选择节约量最大的组合作为最优解的一部分。这里的"节约量"是指如果某两个客户点被同一辆车连续访问，相对于分别被两辆车访问，所节省的行驶距离。根据三角形的性质，如果两个客户 A 和 B 分别被两辆车从配送中心 O 访问，那么车辆行驶的总距离是 $OA + OB$（假设直线行驶）。但是，如果一辆车先访问 A 再访问 B（或相反），那么行驶的总距离就是 $OA + AB + BO$，但由于 AB 是三角形 OAB 的一条边，根据三角形的性质，$OA + OB > OA + AB + BO$，因此产生了节约量。

2）邻接法（Neighbor-Joining，NJ）：是一种在生物信息学中常用的聚类方法，用于创建系统发育树。它的基本思想是进行类的合并时，不仅要求待合并的类是相近的，而且要求待合并的类远离其他的类。它通过不断地合并距离最近的邻接节点来形成最终的树形结构。

邻接法从完全未解析的树开始，其拓扑结构对应一个星形网络，其中所有的分类单元（如物种或序列）都连接到一个中心点上。然后，邻接法通过迭代的方式逐步构建树，每次迭代时基于当前的距离矩阵计算一个 Q 矩阵，并在 Q 矩阵中找到最小值，将对应的两个分类单元连接到一个新的内部节点上。接着，算法会计算其他分类单元到这个新节点的距离，并更新 Q 矩阵。最后，用新节点替换连接的分类单元对，并使用新计算的距离进行下一次迭代。这个过程持续进行，直到所有的分类单元都被连接起来，形成一个完全解析的树，并且所有的分支长度都已知。由于邻接法是基于距离矩阵的，并且采用启发式方法，因此能在合理的时间内给出一个接近最优的系统发育树。

3）插入法。在配送线路规划问题中，插入法通过结合节约法与邻接法的思想，有效地制定高效的配送线路。该算法首先确定配送中心作为起点和终点，并初始化初始线路，通常，初始化会包括创建一个或多个从配送中心（也称为仓库或车库）出发并返回的空线路。然后从未分配的配送点中选取一个作为候选点，并计算将其插入每个已存在线路中的不同位置后的成本。在比较所有可能插入位置的成本节约量后，选择成本节约量最大的位置进行插入，并更新已分配和未分配的点集。这个过程迭代进行，直到所有配送点都被分配或没有可行的插入位置。当无法继续插入时，算法会新增一条空线路，并选择一个未分配点作为起点。最后通过进一步的优化调整，如交换线路中的点或合并相近线路，来提高整体配送效率。

4）扫描法（Sweep Algorithm）：是由 Gillett 和 Miller 于 1974 年提出的，主要用于求解车辆路径问题。该方法的基本思想是通过"先分群再排路线"的方式来解决车辆路径问题。它首先利用极坐标来表示各个需求点的区位，然后按照一定的规则对这些点进行扫描分群，最后对各个顾客群进行排程优化。

扫描法的主要步骤包括极坐标表示、扫描分群和顾客群排程。首先，选定供货点作为极坐标原点，用极坐标表示其他需求点。其次，从任意需求点开始，按照顺时针或逆时针方向扫描，并以车辆容量为限制进行分组，确保每组需求由一辆车配送。最后，对每个顾客群进行排程，利用旅行商问题的求解方法确定最优访问顺序。这个流程旨在将复杂的车辆路径问题简化为更容易处理的子问题，从而高效求解。

5）构造型法：以其直接和高效的特性在解决特定问题时显示出独特的优势。这种方法的核心在于深入分析问题，并根据其特性和需求设计出精巧的构造策略。通过这些策略，算法能够快速构建出一个可行解，而无须经历复杂的迭代或广泛的搜索过程。这种方法的直观性使解的构建过程相对明了，同时可以大大提高求解的效率。然而，构造型法的应用并非没有限制。它特别适用于那些具有明显结构特征和易于直接构建解的问题，在这些场景下，构造型法能够充分发挥其优势，快速有效地找到满意的解决方案。但与此同时，对于复杂或不规则的问题，构造型法可能就不再适用。由于需要高度依赖对特定问题的直观理解，因此当面对结构不清晰或难以直接构建解的问题时，构造型法的应用效果可能会大打折扣。

（3）智能优化算法

1）遗传算法：最早是由美国的 John Holland 于 20 世纪 70 年代提出的。该算法是根据大自然中生物体的进化规律而设计提出的，是模拟达尔文生物进化论的自然选择和遗传学机理的生物进化过程的计算模型，是一种通过模拟自然进化过程搜索最优解的方法。该算法通过数学的方式，利用计算机仿真运算，将问题的求解过程转换成类似于生物进化中的染色体基因的交叉、变异等过程。在求解较为复杂的组合优化问题时，相对一些常规的优化算法，使用遗传算法通常能够较快地获得较好的优化结果。

2）蚁群算法：是一种用来寻找优化路径的概率型算法。它由 Marco Dorigo 于 1992 年提出，其灵感来源于蚂蚁在寻找食物过程中发现路径的行为。该算法用于解决优化问题的基本思路是用蚂蚁的行走路径表示待优化问题的可行解，整个蚂蚁群体的所有路径构成待优化问题的解空间。路径较短的蚂蚁释放的信息量较多，随着时间的推进，较短的路径上累积的信息素浓度逐渐增高，选择该路径的蚂蚁也就越来越多。最终，整个蚂蚁群会在正反馈的作用下集中到最佳的路径上，此时对应的便是待优化问题的最优解。

3）粒子群算法：模拟了自然界鸟群捕食和鱼群捕食的过程，通过群体中的协作寻找到问题的全局最优解。该算法是由美国学者Eberhart 和 Kennedy 于 1995 年提出的，现在已经广泛应用于各种工程领域的优化问题之中。该算法的基本思想是通过设计一种无质量的粒子来模拟鸟群中的鸟，粒子仅具有两个属性：速度和位置。其中，速度代表移动的快慢，位置代表移动的方向。每个粒子在搜索空间中单独搜寻最优解，并将其记为当前个体极值，同时将个体极值与整个粒子群中的其他粒子共享，找到最优的那个个体极值作为整个粒子群的当前全局最优解，粒子群中的所有粒子根据自己找到的当前个体极值和整个粒子群共享的当前全局最优解来调整自己的速度和位置。

4）神经网络算法：通过模仿人类大脑中神经元之间的连接和信号传递方式，建立一种用于模式识别、分类和预测的模型。该算法的基本原理如下：神经网络由多层神经元组成，每个神经元都有多个输入和一个输出。输入经过一系列加权求和和激活函数的处理后，会得到一个输出值。神经网络的层数和每层神经元的数量可以根据任务的复杂度与数据的特征进行调整。神经网络的训练是通过反向传播算法来实现的。在训练过程中，神经网络通过将输入样本传递给网络，并与期望输出进行比较，计算出每个神经元对误差的贡献度，然后根据贡献度来更新神经元之间的连接权重。这个过程不断迭代，直到网络输出接近期望输出。

5）禁忌算法：是由美国科罗拉多州大学的 Fred Glover 教授在1986 年左右提出来的，是一种用来跳出局部最优的搜寻方法。其基本思想如下：首先，在搜索中构造一个短期循环记忆表，即禁忌表，禁忌表中存放刚刚进行过的 |T|（T 称为禁忌表）个邻居的移动，这种移动即解的简单变化。其次，禁忌表中的移动称为禁忌移动。对于进入禁忌表中的移动，在以后的 |T| 次循环内是禁止的，以避免回到原来的解，从而避免陷入循环。|T| 次循环后禁忌解除。再次，禁忌表是一个循环表，在搜索过程中被循环修改，始终保持 |T| 个移动。最后，即使引入了禁忌表，禁忌搜索仍可能出现循环。因此，必须给定停止准则以避免出现循环。当迭代内所发现的最优解无法改进或无法离开它时，算法停止。

6）模拟退火算法（Simulated Annealing，SA）：最早的思想是由N. Metropolis 等于 1953 年提出的。1983 年，S. Kirkpatrick 等成功将退火思想引入组合优化领域。它是基于 Monte-Carlo 迭代求解策略的一种随机寻优算法，出发点是基于物理中固体物质的退火过程与一般组合优化问题之间的相似性。模拟退火算法的基本原理是从某一较高初温出发，伴随温度参数的不断下降，结合概率突跳特性在解空间中随机寻找目标函数的全局最优解，即在局部最优解能概率性地跳出并最终趋于全局最优。

在上述算法中，最早的是精确算法的研究。研究表明，在求解小规模问题时利用精确算法可以得到最优解，但在求解大规模问题时，求解时间往往会由于规模的增大而呈指数级增长[8]，即车辆路径问题很难找到最优解。此后，应用传统启发式算法和智能优化算法寻找近似问题的最优解，成为国内外学者关注的重点。随着对各种算法的研究逐步深入，学者发现，与传统启发式算法相比，在解决实际问题时智能优化算法表现得更好，具有很强的可移植性。因此，本书采用混合智能优化算法来解决车辆路径问题。

三、物流配送网络选址–路径问题

1. 选址–路径问题的基本概念

选址 – 路径问题是 LAP 问题与车辆路径问题的集成，该问题研究的是在配送过程中，如何确定配送中心和车辆配送路线的最优方案。选址 – 路径问题可以叙述为：在一个由若干个配送中心和多个客户需求点构成的物流配送网络中，确定在满足一系列约束（如车容量、客户时间窗等）的条件下，配送中心选址和配送路径最佳，以实现配送总成本最低、距离最短等目标。选址－路径问题的基本模式如图2-5所示。

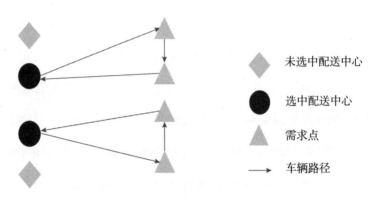

图2-5　选址－路径问题的基本模式

2.选址－路径问题的分类

当前，国内外很多研究者给出了选址－路径问题的分类，其中Mina等[9]的研究对选址－路径问题的分类最具代表性。本书在该研究成果的基础上，与现有研究成果相结合，从问题特征的角度出发，归纳、整理了选址－路径问题，见表2-7。

表 2-7　选址 – 路径问题的类型

序号	分类标准	类型
1	货物流向	正向物流、逆向物流、双向物流
2	需求特征	确定性需求、不确定性需求
3	服务设施数量	单设施、多设施
4	配送车辆数量	单车辆、多车辆
5	车辆载重能力	有限制、无限制
6	设施容量	有限制、无限制
7	物流层级	单级、多级
8	计划周期	单周期、多周期
9	目标个数	单目标、多目标
10	时间窗	无时间窗、硬时间窗、软时间窗、混合时间窗
11	车辆类型	同车型、多车型
12	问题环境	静态、动态
13	模型数据类型	假设值、真实值

3. 选址–路径问题的常用算法

由于 LAP 问题和车辆路径问题都是 NP-hard 问题，所以选址 – 路径问题的求解难度更大。另外，选址优化是一项长期的战略决策，而车辆路径规划属于日常的业务决策。所以，两者在规划周期和规划层次上都存在差异，这使选址 – 路径问题的求解变得更难。

选址 – 路径问题的求解算法可以分为精确算法和启发式算法两种。其中精确算法可以分为 4 类[10]，分别为直接树搜索法、混合整数规划法、动态规划法和非线性规划法。受求解时间和收敛速度的限制，对于小规模选址 – 路径问题可以用精确算法求解，但是大规模的选址 – 路径问题通常采用启发式算法，这促进了启发式算法的发展。

选址 – 路径问题常用的 4 种启发式算法如下。

1）先优化车辆路径，再对选址进行分配。

2）先进行选址分配，再优化车辆路径。

3）改进循环路线交换优化方法。

4）节约方法和插入方法。

这 4 种方法在解决选址 – 路径问题时具有通用性。

其中：前两种方法在解决该类问题时，将选址 – 路径问题拆分为 LAP 问题和车辆路径问题两部分并分别进行求解，先分别优化求解选址 – 分配子问题和车辆路径子问题，再考虑问题的整体性，即基于分解后的 LAP 子问题来求解选址 – 路径问题，即只有在选择了配送中心后，才能进一步对车辆路径子问题进行求解；而子问题 LAP 求解的根据是使车辆路径子问题的解达到最佳状态，在解决整个问题时资源的消耗量小，利用循环迭代的方法对各个子问题进行求解，最后综合统筹获得问题的最优解。第三种方法的思想是为了获得总成本最低的路线，可以对可行路线不断更新，直到总成本不可能再降低，该启发式算法在求解过程中能始终保持解的可行性。第四种方法是在 Clark 和 Wright[11] 提出的算法的基础上发展起来的，主要是为了降低较长距离运输中的成本，通过对客户节点的不同组合的计算，可以提高客户节点组成的配送群的效率，在实际问题上更接近选址 – 路径问题。将选址 – 路径问题作为一个整体进行研究，可以提高两者之间的协同度。

第四节 小 结

　　本章主要介绍了冷链物流的概念与特点、冷链物流配送网络的内涵，归纳整理了物流配送网络中物流中心选址的意义、目标及原则，物流节点选址优化模型及其求解方法，以及车辆路径问题的要素构成和分类，总结了车辆路径问题常用的求解方法，归纳分析了选址－路径问题的基本概念、分类及常用算法。

第三章

考虑配送服务可靠性的城市冷链物流配送中心动态选址研究

第一节 概　述

随着社会经济的持续繁荣、生活品质的日益提升及生活节奏的加快，人们对各类商品的消费需求持续攀升，形成了"多品种、多批次、小批量"的多元化消费模式[12]。在这种背景下，如何高效且迅速地将大量的食品送至各个需求点，已然成为物流行业面临的新挑战。这项挑战不仅推动了城市物流的快速发展，还对其提出了更高的要求。鉴于客户需求的动态性和多变性，配送服务必须不断进行自我优化和升级，以适应市场的快速变化，从而追求真正的可持续发展。这意味着配送服务不仅要关注效率和速度，更要注重灵活性、创新性和可持续性，以满足客户多样化的需求，同时实现物流行业的长期稳定发展。

城市配送中心（Urban Distribution Center，UDC）选址是物流企业在运营过程中所面临的重大决策问题之一[13~17]。确定城市配送中心的选址不仅是一个战略层面的决策，更是一个需要长期关注和灵活调整的过程。随着经济的发展、实时决策需求的增加、客户需求的多变，以及政府政策的不断调整，城市配送中心的初始最优位置可能在未来某一时刻变得不再适用。因此，物流企业在选择城市配送中心的位置时，必须全面考虑各种可能随时间变化的因素。动态选址策略则是指根据时间和环境的变化，灵活调整城市配送中心的布局，从而确保在任何时刻都能充分利用最优位置。得益于第三方物流服务的普及，企业可以通过租赁和外包的方式管理其配送中心，这不仅可以大大降低开设或关闭配送中心的经济成本，还可以增加灵活调整整个物流系统的可能性。这种灵活性可以使设施得到更合理的利用，减少资源浪费，从而促进社会的可持续发展。合理选择和规划物流系统中配送中心的位置和数量，对于确保物流系统的顺畅运行、物流成本的降低、货物损失的减少及货物周转的加速等方面具有重要意义。此外，从可持续发展的角度出发，对配送中心的分析还有其他方面的益处，如紧急物资调度[18,19]和物流配送网络优化[20~22]等。在追求可持续发展的过程中，主要工作包括两大方面：一是可持续经济发展与企业管理，二是可持续供应链、物流和运输。通过综合考虑经济、环境和社会等多方面的因素，努力推动物流行业的可持续发展，为社会创造更多的价值。

对选址与分配理论的研究始于 Weber[23]，随后 Hakimi[24] 对其进行了扩展。在过去的几十年中，选址与分配理论已成为运筹学和管理科学领域的重要研究议题。选址理论在现实世界中的应用十分广泛，涉及医院[25]、学校[26]、公共设施[27]、零售店[28]、城市设施[29]、配送中心[30]等多个领域。尽管这些选址问题涉及不同的实体，但它们的本质都是相同的。核心关注点在于如何选择和确定设施的数量与位置，从而为最终用户提供最优的服务。

设施选址问题通常分为定性分析方法和定量分析方法[30]。定性分析方法主要包括层次分析法[31,32]、模糊评价法[13]、灰色关联度评价法[33]或结合多种评价方法构建的模型[34]。定性分析方法的基本原则是对备选方案进行评估和排序，将得分最高的方案作为最终选址方案。然而，这些方法容易受到从业者和评价指标的影响，因此可能导致选址出现偏差。定量分析方法确定选址位置主要是通过构建设施选址模型来实现的，这些模型可以根据决策者的目标和问题的空间特性分为多种形式。Owen 和 Daskin[35]将设施选址问题分为静态设施选址、随机设施选址和动态设施选址。目前，研究主要集中在对静态设施选址模型和方法的改进上[36~39]。然而，在实际应用中，需求点的需求量和需求特征都可能随时间发生变化。因此，选址应根据实际情况进行调整。

由于需求发生变化因而在每个时间段都要重新考虑选址决策的模型被称为动态选址模型。动态选址模型最初是由 Ballou[40]提出的，他在讨论企业如何在规划期内选择仓库以获取最大利润时提出这个概念。Sweeney 和 Tatham[41]在 Ballou 的研究基础上提出了一种改进方法，该方法通过限制动态规划的状态空间来完善解决方案。尽管这两种方法都允许设施搬迁，但它们并没有在目标函数中考虑设施建设所需的时间或搬迁成本。Wesolowsky[42]研究了有限规划下单一设施的动态选址问题，并将搬迁成本引入目标函数中。Farahani等[43]研究了单一设施的动态选址模型。Tapiero[44]和Canel等[45]研究了多设施、多周期的选址 – 分配问题，并分别使用近似算法和动态规划方法来解决该问题。Melo等[46]分析了多产品容量限制下的动态选址问题，并讨论了所建模型与现有模型之间的异同。Dias等[47]研究了设施开放、关闭和重新开放的最小与最大两层容量约束下的动态选址问题，并使用原始 – 对偶启发式算法求解该模型。Zhou等[48]建立了多设施、多周期的物流中心动态选址模型，并设计了一种遗传算法来求解该模型。然而，这些研究都没有同时考虑多设施选址和转运成本，用于求解模型的通常是近似算法和启发式算法。

考虑到上述情况，本章构建了一个考虑服务可靠性和转运成本的三级供应链物流网络多阶段动态选址模型。为了降低求解该模型的难度，可以采取以下步骤：首先，基于各个阶段的静态选址模型，确定最优选址及其调度方案。其次，利用图论将动态选址问题转化为最短路径问题，在这个阶段可以使用Dijkstra算法来寻找最优动态选址序列，使累积成本在整个规划期内最低。最后，将模型和算法应用于京津冀城市群中的天津港X企业，用于验证模型和方法的适用性。

第二节　问题描述与符号说明

一、问题描述

动态选址是指当企业要在一个较长时间的规划期内确定自己的选址布局时，为了保证选址点在整个规划期都是最佳的，需要确定一个时变的选址序列。本章研究的是由 m 个货物供应点、n_1 个备选配送中心、k 个离散需求点所构成的一个冷链物流配送网络，其示意图如图 3-1 所示。企业打算做一个长期的选址规划，将整个选址规划周期划分为若干个阶段，且不同阶段部分客户的需求量会发生变化，要求每个阶段在备选的 n_1 个配送中心中选出 P 个为 k 个需求点提供服务，使整个规划周期内配送系统的总成本最低和配送系统服务的可靠性最大。

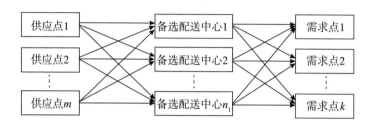

图 3-1　冷链物流配送网络示意图

二、符号说明

表 3-1 中列举了本章常用的符号和变量，其他的一些变量在首次出现时再给出定义。

表 3-1　符号与变量

符号与变量	含义
K	客户需求点的全体
M	货物供应点的全体
N	待选配送中心全体
T	规划周期全体
d_{ij}	供应商 i 与待选配送中心 j 之间的距离
d_{jk}	待选配送中心 j 与客户需求点 k 之间的距离
c_1	货物供应点与待选配送中心之间的单位运输成本

续表

符号与变量	含义
c_2	待选配送中心与需求点之间的单位运输成本
gd_j	第 j 个备选配送中心的固定成本
P	配送系统需要租用配送中心的个数
G	非常大的数
MN_j	备选配送中心 j 的最大处理量
d_k^t	阶段 t 客户需求点 k 的需求量
ZZ_j^t	阶段 t 备选配送中心 j 单位产品的运营成本
β	阶段 t 企业发生的货物配送次数
x_{ij}^t	阶段 t 货物供应点 i 向配送中心 j 提供货物的数量
y_j^t	0–1 变量，当阶段 t 配送中心 j 被选中时，取值为 1，否则取值为 0
x_{jk}^t	阶段 t 配送中心 j 向客户需求点 k 提供的货物量
t_k	客户需求点 k 要求服务时间窗下限
t_{jk}	配送中心 j 到客户需求点 k 所需的运输时间
P_{jk}^t	阶段 t 客户需求点 k 的货物在要求服务的时间内送达的概率
v_{jk}	配送中心 j 到客户需求点 k 配送车辆的行驶速度
$F_{v_{jk}}$	配送中心 j 到客户需求点 k 的配送车辆行驶速度的分布函数

符号与变量	含义
W_{1j}	顶点 V_0 到 $V_{1j}(j=1,2,\cdots,n)$ 弧段的权值
$W_{(t,R_i)(t+1,R_j)}(t=1,2,\cdots,n-1)$	阶段 t 的选址点 R_i 到阶段 $t+1$ 的选址点 R_j 之间弧段的权值

第三节　模　型　建　立

一、成本分析

1. 冷链配送中心的固定成本

本章从第三方物流的角度出发展开研究，因此，固定成本主要是指企业租用冷链配送中心所支付的成本，计算公式为

$$C_1 = \sum_{j \in N} y_j^t \mathrm{gd}_j \qquad （3-1）$$

2. 冷藏车的运输成本

运输成本是产品在运输过程中发生的成本，包括燃料成本、车辆折旧成本和保证冷链产品质量的冷藏成本。配送中心的位置不同会导致运输成本存在巨大差异，所以在选址布局时一定要考虑客户

的分布和配送模式。本章涉及的配送中心的运输成本包括两部分：一是货物供应点到待选配送中心的运输费用，二是待选配送中心到客户需求点的运输费用，计算公式为

$$C_2 = \sum_{i \in M} \sum_{j \in N} c_1 d_{ij} x_{ij}^t + \sum_{j \in N} \sum_{k \in K} c_2 d_{jk} x_{jk}^t \qquad (3-2)$$

3. 冷链配送中心的中转运营成本

将冷链配送中心在中转运营过程中所产生的成本称为中转运营成本。该成本通常与货物中转的数量有关，而与冷链配送中心的规模无关。本章涉及的冷链配送中心的中转运营成本的计算公式为

$$C_3 = \sum_{j \in N} ZZ_j^t x_{jk}^t y_j^t \quad k \in K \qquad (3-3)$$

二、冷链配送中心服务可靠性的计算方法

在冷链配送中心，通常把几个相互关联的物流作业单元的可靠性的逻辑（串联和并联）组合称为冷链配送中心服务可靠性[49]。根据本章的研究范围，假设提货、集货、装车等非配送的物流作业单

元的可靠性为 1，则配送中心为某个客户提供的物流服务的可靠性是指在一定条件下，按照客户要求的时限把产品送达的概率，可以表示为[50]

$$P_{jk}^t = P(t_{jk} \leq t_k) = P(\frac{d_{jk}}{v_{jk}} \leq t_k) = P(v_{jk} \geq \frac{d_{jk}}{t_k}) = 1 - F_{v_{jk}}(\frac{d_{jk}}{t_k}) \qquad （3-4）$$

由式（3-4）可以求出阶段 t 系统的可靠度 τ^t 为

$$\tau^t = \frac{\sum\limits_{j \in N} \sum\limits_{k \in K} d_k^t y_j^t P_{jk}^t}{\sum\limits_{k \in K} d_k^t} \qquad （3-5）$$

三、阶段 t 的选址模型

目标函数为

$$\max \quad \tau^t = \frac{\sum\limits_{j \in N} \sum\limits_{k \in K} d_k^t y_j^t P_{jk}^t}{\sum\limits_{k \in K} d_k^t} \qquad （3-6）$$

$$\min \quad Z_t = C_1 + C_2 + C_3 \qquad （3-7）$$

约束条件为

$$\sum_{i \in M} x_{ij}^t = \sum_{k \in K} x_{jk}^t \quad j \in N \tag{3-8}$$

$$\sum_{i \in M} x_{ij}^t \leqslant Gy_j^t \tag{3-9}$$

$$\sum_{k \in K} x_{jk}^t y_j^t \leqslant MN_j \quad j \in N \tag{3-10}$$

$$\sum_{j \in N} x_{jk}^t y_j^t = d_k^t \quad k \in K \tag{3-11}$$

$$\sum_{j \in N} y_j^t = P \tag{3-12}$$

$$y_j^t \in \{0,1\} \quad j \in N \tag{3-13}$$

$$x_{ij}^t \geqslant 0 \quad i \in M, \ j \in N \tag{3-14}$$

$$x_{jk}^t \geqslant 0 \quad j \in N, \ k \in K \tag{3-15}$$

其中：式（3-6）和式（3-7）为目标函数，分别表示阶段 t 配送系统的可靠性最大和成本最低；式（3-8）表示配送中心流量平衡；式（3-9）表示未选中的配送中心，经它周转的商品数量为零；式（3-10）表示配送中心容量的上限；式（3-11）表示满足客户点的需求量；式（3-12）表示配送中心被选中的数量；式（3-13）表示是否选中该配送中心的0-1变量；式（3-14）表示供应点i为配送中心j供应的货物量；式（3-15）表示配送中心j为需求点k提供的货物量。

四、多目标模型的转化

本章构建的模型涉及两个优化目标：一个是企业的总成本最低，另一个是配送系统服务的可靠性最大。多目标优化问题通常存在一个或多个非劣解，但没有唯一的最优解。因此，在解决多目标优化问题时，通常将多目标问题转化为单目标问题进行求解[51]。由于本模型中两个目标的量纲不同，因此采用改进的加权平均法来进行转化[52]。为配送中心服务的可靠性赋予一个系数α，将其理解为为提高系统的可靠性，企业需要支付的成本。此时多目标规划可以转化为单目标规划，即

$$\min \quad Z_t + \alpha \tau^t \qquad （3-16）$$

五、多阶段的动态选址模型

目标函数为

$$\min \sum_{t \in T} \beta (Z_t + \alpha \tau^t) + \sum_{t \in T} C_{(t,R_i)(t+1,R_j)} \qquad （3\text{--}17）$$

约束条件为式（3–8）~ 式（3–15）。

其中：$C_{(t,R_i)(t+1,R_j)}$ 表示在阶段 $t+1$，由阶段 t 的选址策略 R_i 转移到阶段 $t+1$ 的选址策略 R_j 所支付的成本。

第四节　动态选址模型求解方法

一、动态选址模型求解思路

首先，将配送中心选址规划期按时间顺序划分为若干个阶段。其次，利用软件编程求出特定阶段内配送中心的最佳静态选址点，并计算出不同阶段之间的转移成本，将动态选址问题转化成随时间变化的多阶段决策问题。最后，将多阶段的决策问题转化为图论中的最短路径问题，并利用 Dijkstra 算法来求解最短路径问题，即可得到随时间变化的动态选址决策序列。

二、将动态选址问题转化为最短路径问题的基本步骤

步骤 1　根据实际情况，先将冷链物流配送中心选址的规划期按照时间顺序划分为 n 个阶段。忽略各个阶段之间的联系，利用计算编

程求解各个阶段最优冷链物流配送中心选址策略。用 R_t（ $t=1,2,\cdots,n$ ）表示阶段 t 的最优选址策略，如图 3-2 所示。

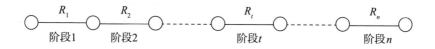

图 3-2　各个阶段最佳选址图

步骤 2　计算各种最优选址策略在其他阶段的选址成本。用 C_{it}（ $i=1,2,3,\cdots,n$ ）表示以阶段 t 的最佳选址点作为阶段 i 的选址点时的选址成本。例如， C_{j1} 表示以阶段 1 的最优选址策略 R_1 作为阶段 j 的选址策略时的选址成本。

步骤 3　将各个阶段最优选址策略的选址成本抽象化。把各个阶段的选址成本看作一个点，作为各个阶段的顶点，即该阶段可能的选址策略，其顶点数为该阶段可能采用的最优选址方案数目。 V_{ti} 表示在阶段 i 的最优选址策略 R_i 作为阶段 t 的选址策略时所对应的选址成本为 C_{ti} 。例如， V_{21} 表示阶段 1 的最优选址策略 R_1 作为阶段 2 的选址策略时所对应的选址成本为 C_{21} 。

步骤 4　分析相邻阶段间选址状态转移所付出的代价，即需要支付的状态转移成本。用 $C_{(t,R_i)(t+1,R_j)}$ 表示在阶段 $t+1$ 时，企业由阶段 t 的选址策略 R_i 转移到阶段 $t+1$ 的选址策略 R_j 所支付的成本。

步骤 5　构造两个虚拟的顶点，分别作为规划期起点 V_0 和规划

期终点 V_{n+1}。将整个规划期的不同选址方案表示成一个有向的连通图 $G=(V,E)$（见图 3-3），顶点的集合为 V，边的集合为 E，其中的元素为相邻两点之间的距离。V_0 到第 1 阶段各个顶点的距离等于不同阶段的最佳选址点作为第 1 阶段的选址点时的总成本，第 n 阶段到终点 V_{n+1} 的距离为 0，其余相邻两个顶点之间的距离为步骤 2 的选址成本与步骤 4 的转移成本的量化指标之和。

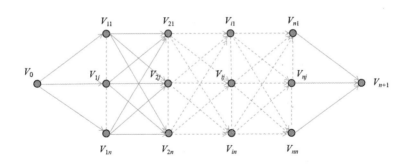

图 3-3 最短路径

通过以上 5 个步骤，可以将动态选址问题转化为最短路径问题。

三、最短路径求解算法

本章采用双标号的 Dijkstra 算法对图 3-3 的最短路径问题进行求解。Dijkstra 算法是由 Dijkstra 于 1959 年提出的，用来解决指定两点

V_0 与 V_{n+1} 之间的最短路径问题。Dijkstra 算法的基本步骤如下[53]。

步骤 1 将起始顶点 V_0 赋予永久标号 $U(V_0)=0$，其他顶点以 Z 进行标号。此时暂时标号顶点集合为 $R=\{V_{11},V_{12},\cdots V_{1n},\cdots,V_{1j},\cdots V_{ij},\cdots V_{nj},\cdots,V_{n+1}\}$，永久标号顶点集合 $S=\{V_0\}$，弧段集合 $A=\{(V_0,V_{mn})\mid V_0\in S,V_{mn}\in R\}$，表示所有从永久标号点到暂时标号点的长度集合。

步骤 2 $A=\{(V_0,V_{11}),\cdots,(V_0,V_{1j}),\cdots,(V_0,V_{1n})\}$，计算与 V_0 相邻的各个顶点的弧长，$L_{(V_0,V_{1l})}=W_{1i}$ $(i=1,2,\cdots,n)$，在 R 中找到顶点 V_{1j}，使 $L_{(V_0,V_{1j})}=\min(L_{(V_0,V_{1i})})$ （$i=1,2,\cdots,n$）。改变顶点 V_{1j} 的 Z 标号为 U 标号：$U(V_{1j})$。此时，永久标号集合 $S=\{V_0,V_{1j}\}$，暂时标号集合 $R=R\setminus\{V_{1j}\}$。

步骤 3 定义 $A'=\{(V_{ij},V_{mn})\mid V_{ij}\in S,V_{mn}\in R\}$ 表示新增弧段的集合，此时 $A'=\{(V_{1j},V_{21}),\cdots,(V_{1j},V_{2j}),\cdots,(V_{1j},V_{2n})\}$ （$j=1,2,\cdots,n$）。计算 A' 中集合的各条弧的长度，即 $L_{(V_0,V_{2k})}=U(V_{1j})+W_{(1,R_j)(2,R_k)}$，其中，$W_{(1,R_j)(2,R_k)}=\min(L_{(V_{1j},V_{2q})})$ （$q=1,2,\cdots,n$）。

步骤 4 对所有永久标号点到暂时标号点的弧段权值进行比较，调整最小值所在弧段终点的 Z 标号和 U 标号。

重复步骤 3 和步骤 4，直到终点为 V_{nj}。

第五节　案 例 分 析

一、案例描述

为了验证所提出的模型与求解算法的有效性和可行性。本节以京津冀城市群的天津港所属的 X 企业为具体应用案例，其中部分数据来自吴卓迅[54]的研究。X 企业目前向京津冀 22 个城市提供货物配送服务。为了方便绘制图形，本节在绘制 X 企业服务城市的图形时用该城市的第一个字的汉语拼音来代替该地区的名称，若地区的第一个字有重复，则在第一个字汉语拼音的后面添加第二个字汉语拼音的首字母。具体的城市对应为北京（BEI）、天津（TIAN）、沽源（GU）、张家口（ZHANG）、承德（CHENG）、青龙（QING）、秦皇岛（QIN）、遵化（ZUN）、唐山（TANGS）、唐海（TANGH）、涞源（LAI）、安新（AN）、廊坊（LANG）、保定（BAO）、沧州（CANG）、石家庄（SHI）、衡水（HENG）、高邑（GAO）、南宫（NAN）、邢台

（XING）、馆陶（GUAN）、邯郸（HAN）和涉县（SHE）。X 企业为了提高运输效率和配送系统服务的可靠性，打算在 22 个需求点中选择 3 个需求点作为该企业物流中转的配送中心，并且还打算做一个 8 年规划，将每 2 年看作一个阶段，因此，整个规划期被划分为 4 个阶段。

　　两个城市之间的距离见表 3–2，阶段 1 各个需求点的固定成本和单位运营成本见表 3–3，以后各个阶段的运营成本比前一个阶段增加 8%，固定成本比前一个阶段增加 6%。各个阶段需求点的需求量见表 3–4。取 $t_k = 8$，$\beta = 100$，$c_1 = 2$ 元/千米，$c_2 = 1.8$ 元/千米，$MN_j = 60$ 吨（$j \in N$），$v_{jk} \sim N(70, 10^2)$，$\alpha = 1\,000$，$P = 3$。

表3-2　两个城市之间的距离

单位：千米

城市	TIAN	BEI	GU	ZHANG	CHENG	QING	ZUN	TANGH	TANGS	LANG	LAI	AN	BAO	CANG	GUAN	SHE	HAN	NAN	XING	CHENG	GAO	SHI
TIAN	0	136	529	353	364	241	143	135	124	83	257	150	176	120	384	549	460	311	415	256	391	345
BEI	136	0	393	228	221	232	182	235	183	58	252	150	147	228	443	619	456	347	399	292	331	285
GU	529	393	0	174	290	493	484	585	535	456	399	543	540	622	836	921	849	740	792	685	696	650
ZHANG	353	228	174	0	388	518	341	462	412	296	379	387	376	532	689	747	647	599	590	538	522	476
CHENG	364	221	290	388	0	203	194	295	254	296	371	384	384	396	660	825	736	587	691	532	568	522
QING	241	232	493	518	203	0	107	173	131	259	489	379	382	355	662	851	707	552	650	497	563	517
ZUN	143	182	484	341	194	107	0	94	68	262	379	272	269	319	550	801	638	454	581	399	513	589
TANGH	135	235	585	462	295	173	94	0	50	156	431	385	382	232	542	768	607	446	550	391	566	520
TANGS	124	183	535	412	254	131	68	50	0	194	373	318	297	224	488	653	563	415	519	360	495	449
LANG	83	58	456	296	296	259	262	156	194	0	231	124	141	170	396	546	449	300	404	245	325	279

续表

城市	TIAN	BEI	GU	ZHANG	CHENG	QING	QIN	ZUN	TANGH	TANGS	LANG	LAI	AN	BAO	CANG	GUAN	SHE	HAN	NAN	XING	HENG	GAO	SHI
LAI	257	252	399	224	371	489	545	379	431	373	231	0	186	144	300	447	472	395	347	338	289	270	224
AN	150	150	543	379	387	379	440	272	385	318	124	186	0	42	151	355	428	351	259	294	204	226	180
BAO	176	147	540	376	384	382	437	269	382	297	141	144	42	0	156	313	386	311	217	246	162	182	130
CANG	120	228	622	532	396	355	364	319	232	224	170	300	151	156	0	264	429	340	191	295	136	271	225
GUAN	384	443	836	689	660	662	628	550	542	488	396	447	355	313	264	0	172	75	94	129	142	198	223
SHE	549	619	921	747	825	851	793	801	768	653	546	472	428	386	429	172	0	97	238	134	301	202	315
HAN	460	456	849	647	736	707	703	638	607	563	449	395	351	311	340	75	97	0	151	65	204	129	181
NAN	311	347	740	599	587	552	555	454	446	415	300	347	259	217	191	94	238	151	0	104	48	89	119
XING	415	399	792	590	691	650	659	581	550	519	404	338	294	246	295	129	134	65	104	0	159	64	116
HENG	256	292	685	538	532	497	500	399	391	360	245	289	204	162	136	142	301	204	48	159	0	129	138
GAO	391	331	696	522	568	563	635	513	566	495	325	270	226	182	271	198	202	129	89	64	129	0	52
SHI	345	285	650	476	522	517	589	467	520	449	279	224	180	130	225	223	315	181	119	116	138	52	0

表 3-3 阶段 1 各个需求点的固定成本和单位运营成本

单位：元

位置	固定成本	单位运营成本	位置	固定成本	单位运营成本
BEI	207 000	125	BAO	121 500	65
GU	52 800	45	AN	40 500	25
ZHANG	64 800	45	GUAN	33 750	18
CHENG	81 000	53	CANG	67 500	35
QING	42 000	18	SHE	36 000	25
QIN	70 200	81	HAN	54 000	30
ZUN	90 000	48	NAN	33 750	18
TANGH	54 000	35	XING	78 750	45
LANG	142 500	72	GAO	45 000	24
TANGS	135 000	75	HENG	67 500	35
LAI	45 000	26	SHI	123 750	65

表 3-4 各个阶段需求点的需求量

单位：吨

位置＼阶段	阶段 1	阶段 2	阶段 3	阶段 4
BEI	6	10	4	8
GU	4	4	3	4
ZHANG	2	8	3	8
CHENG	7	7	2	7
QING	7	2	5	2
QIN	4	7	6	7
ZUN	6	5	5	5
TANGH	2	3	6	5
LANG	2	7	2	7
TANGS	3	8	7	8
LAI	6	6	5	6
BAO	4	6	5	3
AN	8	7	7	7
GUAN	5	3	7	3
CANG	2	7	8	2
SHE	4	2	5	3
HAN	6	7	6	2
NAN	6	4	8	3
XING	5	6	5	2
GAO	3	5	5	6
HENG	5	7	6	1
SHI	6	8	8	8

二、确定最优动态选址点

首先，利用软件编程，得到各个阶段的最佳选址点及其配送策略。可以看出，各个阶段的最佳选址点各不相同，依次为 ZUN，AN，CANG → TANGH，LANG，CANG → TANGH，AN，CANG → TANGH，LANG，AN。最优选址点配送服务的可靠性都在98%以上，因此，客户服务满意度较高。

其次，求出最佳选址点的总选址成本，并计算各个阶段的最佳选址点作为其他阶段选址点时的总选址成本，见表3-5。可以看出，各个阶段在其他选址点处的总成本均大于最佳选址点处的成本。各个阶段总成本的最大偏差值为 455 700 元，最小偏差值为 36 040 元。

表3-5　不同阶段的选址成本

单位：元

位置	成本			
	阶段1	阶段2	阶段3	阶段4
ZUN，AN，CANG	6 459 760	7 933 836	7 251 100	6 916 100
TANGH，LANG，CANG	6 495 800	7 560 680	7 257 200	6 688 500
TANGH，AN，CANG	6 579 200	7 924 180	7 123 900	6 849 900
TANGH，LANG，AN	6 667 200	7 800 028	7 579 600	6 577 800

再次，确定转移成本。第 i 阶段到第 $i+1$ 阶段转移成本的计算如下。

1）若选址点不变，则转移成本为 0。

2）若选址点改变，则阶段 1 到阶段 2 的转移成本等于阶段 2 配送中心固定成本的一半。阶段 2 到阶段 3 的转移成本等于阶段 3 配送中心固定成本的 80%。阶段 3 到阶段 4 的转移成本等于阶段 4 配送中心固定成本的 1.2 倍。

3）当超出选址点固定容量时，转移成本无论是哪个阶段的，超出部分每吨均为中转运营成本的 2 倍。经计算可以得出不同阶段之间的转移成本，见表 3-6。

表 3-6 各个阶段之间的转移成本

单位：元

项目		P_1	P_2	P_3	P_4
阶段 1 到阶段 2 的转移成本	P_1	0	65 500	18 000	65 500
	P_2	43 500	0	13 500	13 500
	P_3	30 000	47 500	0	47 500
	P_4	52 500	22 500	22 500	0

续表

项目		P_1	P_2	P_3	P_4
阶段2到阶段3的转移成本	P_1	0	104 800	2 880	104 800
	P_2	69 600	0	21 600	21 600
	P_3	48 050	76 000	0	76 000
	P_4	84 000	36 000	36 000	0
阶段3到阶段4的转移成本	P_1	0	157 200	43 200	157 200
	P_2	104 400	0	32 400	32 400
	P_3	72 000	114 000	0	114 000
	P_4	126 150	54 000	54 000	0

其中，P_1表示选址点 ZUN、AN 和 CANG，P_2表示选址点为 TANGH、LANG 和 CANG，P_3表示选址点为 TANGH、AN 和 CANG，P_4表示选址点为 TANGH、LANG 和 AN。

最后，确定最佳动态选址策略。以不同阶段之间的转移成本 + 选址成本作为距离，见表 3-7。利用 Dijkstra 算法，通过 MATLAB 编程进行求解，寻找从 V_0 到 V_{n+1} 的最短路径，可以求得企业在整个规划周期的最佳的动态选址策略为 TANGH, LANG, CANG → TANGH, LANG, CANG → TANGH, AN, CANG → TANGH, LANG, AN。整个规划期的成本为 27 893 780 元。同时可以看出，各单阶段

101

的最优选址序列并不是整个规划期的最优选址序列。

表 3-7　各个顶点之间的距离

单位：元

顶点	V_{11}	V_{12}	V_{13}	V_{14}
V_0	6 459 760	6 595 800	6 579 200	6 667 200
顶点	V_{21}	V_{22}	V_{23}	V_{24}
V_{11}	7 933 836	7 626 180	7 942 180	7 865 528
V_{12}	7 977 336	7 560 680	7 937 680	7 813 528
V_{13}	7 963 836	7 608 180	7 924 180	7 847 528
V_{14}	7 986 336	7 583 180	7 946 680	7 800 028
顶点	V_{31}	V_{32}	V_{33}	V_{34}
V_{21}	7 251 100	7 362 000	7 152 700	7 684 400
V_{22}	7 320 700	7 257 200	7 145 500	7 601 200
V_{23}	7 299 150	7 333 200	7 123 900	7 655 600
V_{24}	7 335 100	7 293 200	7 159 900	7 579 600
顶点	V_{41}	V_{42}	V_{43}	V_{44}
V_{31}	6 916 100	6 845 700	6 893 100	6 735 000
V_{32}	7 020 500	6 688 500	6 882 300	6 610 200

V_{33}	6 988 100	6 802 500	6 849 900	6 691 800
V_{34}	7 000 250	6 724 500	6 885 900	6 577 800
顶点	V_{41}	V_{42}	V_{43}	V_{44}
V_5	0	0	0	0

三、静态选址与动态选址总成本对比分析

利用静态选址模型求得的选址决策如下：最初租用 ZUN、AN、CANG，并一直使用下去。如果采用这个决策，那么四个阶段冷链配送中心总的固定费用、中转运营费用、运输费用及为提高配送中心服务可靠性所支付费用的总和为 28 560 796 元。和动态选址相比，该成本增加了 667 016 元，增加幅度约为 2.34%。

四、不同目标下最优选址点及其成本对比分析

由图 3-6 可以看出，以距离最短为目标函数时，选址点为 TANGS、LANG、CANG，其中 LANG 和 CANG 在以总成本最小为目标函数时，在每个阶段的最佳选址点中至少出现一次，且为它们分配的客户几乎是一致的。但 TANGS 无论在哪个阶段都没有出现，这

主要是由于 TANG 的固定成本与中转运营成本都比较高，增加了总成本。由表 3-8 可以看出，以距离最小为目标函数时，运输成本比以总成本最小为目标函数时的运输成本低，而中转运营成本和固定成本则相反。所以，对于第三方物流企业来说，需要合理确定运营成本与固定成本，提高自己在行业中的竞争力；对于企业来说，需要进行多方面的考虑，衡量好各种成本之间的关系，根据不同的目标来选取第三方物流公司。

表 3-8 不同目标下的选址成本明细表

单位：元

阶段	目标函数	运输成本	运营成本	固定成本	总成本
阶段 1	最短距离	5 248 950	594 900	690 000	6 533 850
	最低成本	5 599 250	371 000	396 000	6 366 250
阶段 2	最短距离	6 055 450	817 668	731 400	7 604 518
	最低成本	6 195 100	707 400	559 680	7 462 180
阶段 3	最短距离	5 755 900	751 510	775 284	7 282 694
	最低成本	6 228 750	432 730	364 050	7 025 530
阶段 4	最短距离	5 022 150	843 500	821 800	6 687 450
	最低成本	5 253 700	661 100	564 540	6 479 340

第六节　小　　结

本章从第三方物流的角度出发，将企业配送中心选址规划周期划分为具有代表性的几个阶段。以阶段 t 为例，在此阶段建立了一个双目标选址模型，该模型的目标函数是配送总成本最低和配送系统服务可靠性最高。根据模型的特点，可采用改进的加权平均法将双目标选址模型转化为单目标选址模型。之后引入各个阶段之间的转移成本，建立整个规划周期的动态选址模型。在进行模型求解时，可以将所建立的动态选址模型转化为多阶段的决策过程，并利用Dijkstra算法，得出整个规划周期内最优的动态选址策略。本章通过一个实际案例说明了模型求解方法的可行性，并对比分析了动态选址相对于静态选址在成本节约上的优势。另外，本章还分析了不同目标下不同阶段的最优选址策略之间的关系。研究表明，配送中心的固定成本和运营成本对企业选址的影响较大。因此，对于第三方物流运输企业来说，如何合理地确定配送过程中的运输成本，以及配送中心的固定成本和运营成本，是获得该配送项目的关键因素，同时可以决定企业的利润率。

第四章

**不确定需求下城市冷链物流
配送路径优化研究**

第一节　概　　述

近年来，城市居民消费观念开始倾向于绿色、有机、新鲜、营养的食品。互联网的发展又推动了城市新的商业模式（如生鲜电商、冷链宅配等）的诞生，但这种商业模式下的城市冷链物流订单呈现更多的是客户需求的不确定性。因此，需要针对客户需求的特点，合理规划配送车辆的行驶路径，这对于提高客户的满意度和企业的竞争力具有重要的意义。

车辆路径问题最早由 Dantzig 和 Ramser[6] 于 1959 年提出。之后该问题受到学者的广泛关注，并产生了各种变异的车辆路径问题，如带时间窗 VRP[55]、带时间窗和回程取货 VRP[56]、周期 VRP[57]、绿色 VRP[58]、时间依赖 VRP[59]、不确定需求 VRP[60~68] 等。Stewart 和 Golden[60] 建立了两阶段随机规划模型，但是该模型没有考虑客户的时间窗。Kuo 等[61] 基于可信理论建立了带容量限制的机会约束车辆路径模型，设计了粒子群和遗传相结合的混合遗传算法，并通过垃圾回收的实际案例说明了算法的有效性。赵燕伟等[62]和李阳等[63]研究了随机需求下的车辆路径问题，前者利用客户服务时间窗刻画客户的满意度，建立了带模糊满意度的多目标车辆路径模型，在假设客户需求服从泊松独立同分布的基础上，验证了所设计的多目标求解算法的有效性；后者引入客户时间窗偏好的概念建立了车辆路径机会约束规划模型，基于先预优化再调整的思想设计了两阶段求解算法。朱颢[64]提出利用蝙蝠算法来求解模糊车辆路径问题，丰富了模糊车辆路径问题的求解方法。张晓楠和范厚明[65]在对模糊需求车辆路径问题进行建模时，为了更贴近实际情况，考虑了车辆的多行程和客户时间窗偏好问题。还有一些学者分别对需求不确定的车辆路径问题进行了研究，建立了鲁棒优化模型，其中，Gounaris 等[66]给出了对所有预期需求都满足的成本最低时的车辆路径规划，管峰等[67]采用凸集合和盒子集合两种方式对需求的不确定性进行处理，赵潇等[68]给出了确定型的鲁棒等价式。

冷链物流车辆路径问题是在常温物流车辆路径问题的基础上发展起来的，研究成果相对比较少，尤其是考虑不确定因素的冷链物流车辆路径的相关研究更少。Amorim 等[69]以葡萄牙配送问题为例进行了研究，但是并没有考虑货损因素。Zulvia 等[70]建立了考虑运营成本、变质成本、碳排放成本、顾客满意度等因素的绿色车辆路径模型，设计了多目标梯度算法对模型进行求解，并通过水果配送案例验证了模型与算法的可行性和有效性。吕俊杰和孙双双[71]

利用蚁群算法求解了所建的模型，该模型以包括固定成本、变动成本、货损成本、能源成本在内的总成本最小为目标。蔡浩原和潘郁[72]建立了带时间窗的冷链物流车辆路径优化模型，该模型的目标函数考虑了鲜活农产品的变质函数和配送时间的惩罚函数。马向国等[73]构建了随机需求下混合时间窗的车辆路径模型，该模型对配送过程中的制冷成本进行了修正。王淑云和孙虹[74]建立了带时间窗的冷链品多温共配路径优化模型，并设计了集四种启发式算法为一体的混合算法对所建模型进行求解。

　　本章要解决的关键问题是在客户需求不确定的条件下，确定配送企业的配送车辆路线，使其性能在参数扰动时，既能保持稳定性，又能兼顾配送成本，满足客户的需求。根据客户需求不确定性的特点，本章采用了不同方法进行处理，分别建立了机会约束模型P1、随机规划模型P2和鲁棒随机规划模型P3，并根据模型的特点设计了混合遗传算法对模型进行求解。

第二节　问题描述与模型假设

一、问题描述

　　本章所研究的不确定需求下带时间窗的城市冷链物流车辆路径问题可以描述为如下形式：在指定的区域内，由冷链配送中心和若干客户点构成一个配送网络。冷链配送中心需要向这些客户点提供配送服务，如图4-1所示。配送中心和客户的地理位置是已知的，但客户的需求是未知的，且不同的客户对货物的交货时间有一定的要求。本章研究如何合理安排冷藏车的配送路线，从而使企业能够在客户可以接受的时间窗内交付货物，同时使总的配送成本最低。

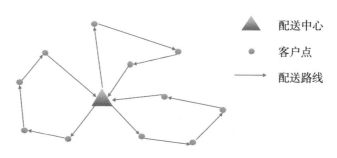

图4-1　车辆路径问题车辆方案示例

二、模型假设

本章综合考虑配送网络的交通信息、客户需求的不确定性、冷藏车的制冷成本、冷链品的货损、客户时间窗等因素建立模型。为了方便研究问题，对所研究的问题做了如下假设。

1）只考虑单个配送中心为多个客户提供配送服务，不考虑货物在配送中心的装货时间及货损。

2）所有冷藏车均从配送中心出发并最终回到配送中心，冷藏车的最大装载量相同且已知，配送车辆货物装载量不超过其额定载重量。

3）配送网络完全对称，客户之间的距离满足三角不等式：$d_{ij} \leqslant d_{ik} + d_{kj}$。

4）车辆在配送过程中，不考虑影响其行驶速度的不确定因素，即车辆在行驶过程中速度恒定。

5）本章只考虑单纯送货情况，无取货任务。

6）每个客户的需求只能由一辆冷藏车一次性配送完成，且在配送过程中不存在中途指派。

三、模型符号与参数

本章所用的符号与参数见表4-1。

表 4-1　符号与参数

符号与参数	含义
K	配送中心所拥有的车辆的集合
N	客户的集合
M	配送中心和客户的集合
S	客户需求情景集合
f_k	车辆 k 的使用成本
c	单位距离的运输成本
d_{ij}	客户点 i 与客户点 j 之间的距离
u_j	到达客户点 j 时车内剩余的货运量
b_j	离开客户点 j 时车内剩余的货运量
v	车辆的行驶速度
t_{ijk}	车辆 k 在客户点 i 与客户点 j 之间的行驶时间
s_{jk}	车辆 k 在客户点 j 的服务时间
t_{jk}	车辆 k 到达客户点 j 的时间
q_j	第 j 个客户的需求量
B_1	运输过程中单位时间的制冷成本
B_2	卸货过程中单位时间的制冷成本
θ_1	运输过程中货物的腐损率

续表

符号与参数	含义
θ_2	卸货过程中货物的腐损率
$[\text{ET}_j,\text{LT}_j]$	客户点 j 期望的服务时间窗
$[\text{EET}_j,\text{LLT}_j]$	客户点 j 可以接受的服务时间窗
P	单位商品的价格
θ_3	车辆 k 早到客户点的惩罚成本
θ_4	车辆 k 晚到客户点的惩罚成本
t_{ijk}^s	情景 s 下车辆 k 在客户点 i 与客户点 j 之间的行驶时间
ω	惩罚函数的权重系数
S_k	车辆 k 服务客户时的实际载重量
N_k	车辆 k 服务的客户的实际需求量
t_{jk}^s	情景 s 下车辆 k 到达客户点 j 的时间
q_j^s	情景 s 下表示第 j 个客户的需求量
G	蒙特卡罗随机模拟次数
λ	目标函数的风险系数
p_s	情景 s 发生的概率
$\overline{q}_i$	客户在一段时间内的平均需求
δ	客户需求波动的最大偏差值

符号与参数	含义
Y_k	若车辆 k 被使用则取值为1，否则取值为0
X_{ijk}	若车辆 k 在客户点 i 与客户点 j 之间行驶则取值为1，否则取值为0
X_{jk}	若车辆 k 为客户点 j 提供服务则取值为1，否则取值为0
Y_k^s	情景 s 下若车辆 k 被使用则取值为1，否则取值为0
X_{ijk}^s	情景 s 下若车辆 k 在客户点 i 与客户点 j 之间行驶则取值为1，否则取值为0
X_{jk}^s	情景 s 下若车辆 k 为客户点 j 提供服务则取值为1，否则取值为0

第三节　模　型　建　立

本章采用两种方式对客户需求的不确定性进行处理：一种是假设客户的需求量在某个区间取值，在约束条件中引入机会约束；另一种则是用已知概率的离散情景集合来表示客户需求量的取值。首先，给出模型目标函数中各种成本的计算方法；其次，基于车辆路径的确定性模型，分别建立机会约束模型 P1、随机规划模型 P2 和鲁棒随机规划模型 P3，并且分别设计了模型的求解方法；最后，通过实际案例验证模型的可行性和算法的有效性。

一、成本分析

1. 制冷成本

易腐性是冷链物流产品的特征之一。冷链物流要求产品始终处于低温环境中，以保证产品质量。因此，在冷链配送过程中，为了调节车内的温度需要不断消耗能量。这种因制冷而增加的成本被称为制冷成本。制冷成本的大小受运输和装卸过程中的时间、运输距离等因素的影响。本章将制冷成本分为两部分进行考虑：

$$C_3 = B_1 \sum_{k \in K} \sum_{i \in M} \sum_{j \in M} X_{ijk} \hat{t}_{ijk} + B_2 \sum_{k \in K} \sum_{j \in M} X_{jk} s_{jk} \qquad （4-1）$$

其中，$\hat{t}_{ijk} = t_{ijk} + \max\{ET_i - t_{ik}, 0\}$，第一部分表示车辆在配送过程中所产生的制冷成本，第二部分表示车辆在卸货过程中所产生的制冷成本。

2. 货损成本

冷链配送与常温配送最大的区别就在于需要冷链配送的产品容易变质，应处于适当的低温环境中。然而，随着时间的延长和温度的变化，冷链产品的质量会不断降低，直至失去其使用价值。当产品质量下降到一定程度时，就会产生商品损坏的成本，即货损成本。本章考虑的货损成本分为两部分：一部分是在运输过程中，货物因时间的推移而损坏；另一部分是在为客户服务时，门打开加速了门附近产品的损耗。所以，货损成本可以表示为

$$C_4 = P\theta_1 \sum_{k \in K} \sum_{i \in M} \sum_{j \in M} \frac{d_{ij} X_{ijk} u_j}{v} + P\theta_2 \sum_{k \in K} \sum_{j \in M} X_{jk} b_j s_{jk} \qquad （4-2）$$

3. 惩罚成本

在实际配送过程中，由于配送中心错误调度、不合理的车辆路线安排、配送过程中的交通拥堵等，配送车辆可能无法在客户约定的时间到达，因此配送车辆将承担相应的惩罚成本。为此，提出了车辆路径时间窗的概念，时间窗通常可分为硬时间窗和软时间窗。其中，硬时间窗约束的车辆路径是指配送车辆必须在客户规定的时间窗内将货物送到客户手中，否则会产生非常高的惩罚成本；软时间窗约束的车辆路径是指客户允许配送车辆在其可接受的时间窗内将货物送达，但此时会产生相应的惩罚成本。结合我国城市冷链配送的实际情况，本章采用软时间窗对客户时间窗进行约束。设 $[ET_j, LT_j]$ 为客户 j 期望接受服务的时间窗，若在该时间范围内配送车辆到达，此时客户的满意度最高，不会产生相应的惩罚成本；设 $[EET_j, LLT_j]$ 表示客户 j 可接受服务的时间窗，若在 $[EET_j, ET_j]$ 和 $[LT_j, LLT_j]$ 的时间窗车辆到达客户点，则会产生相应的惩罚成本。软时间窗的惩罚成本示意图如图 4-2 所示。

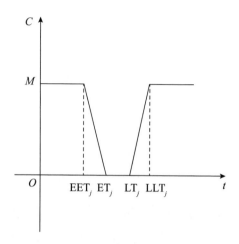

图4-2 软时间窗的惩罚成本示意图

违反时间窗的惩罚成本函数为

$$C_5 = \begin{cases} \theta_3(\mathrm{ET}_j - t_{jk}) & \mathrm{EET}_j < t_{jk} < \mathrm{ET}_j \\ 0 & \mathrm{ET}_j < t_{jk} < \mathrm{LT}_j \\ \theta_4(t_{jk} - \mathrm{LT}_j) & \mathrm{LT}_j < t_{jk} < \mathrm{LLT}_j \\ M & \text{其他} \end{cases} \quad (4\text{-}3)$$

所以，违反客户软时间窗的惩罚成本为

$$C_5 = \sum_{k \in K} \sum_{j \in N} X_{jk}(\theta_3 \max\{\mathrm{ET}_j - t_{jk}, 0\} + \theta_4 \max\{t_{jk} - \mathrm{LT}_j, 0\}) \quad (4\text{-}4)$$

二、需求确定的车辆路径模型

目标函数为

$$\min \quad z_1 = C_1 + C_2 + C_3 + C_4 + C_5 \tag{4-5}$$

其中，

$$C_1 = \sum_{k \in K} f_k Y_k \tag{4-6}$$

$$C_2 = \sum_{k \in K} \sum_{i,j \in M} c d_{ij} X_{ijk} \tag{4-7}$$

$$C_3 = B_1 \sum_{k \in K} \sum_{i,j \in M} X_{ijk} \hat{t}_{ijk} + B_2 \sum_{k \in K} \sum_{j \in M} X_{jk} s_{jk} \tag{4-8}$$

$$C_4 = P\theta_1 \sum_{k \in K} \sum_{i \in M} \sum_{j \in M} \frac{d_{ij} X_{ijk} u_j}{v} + P\theta_2 \sum_{k \in K} \sum_{j \in M} X_{jk} b_j s_{jk} \tag{4-9}$$

$$C_5 = \sum_{k \in K} \sum_{j \in N} X_{jk} (\theta_3 \max\{ \mathrm{ET}_j - t_{jk}, 0\} + \theta_4 \max\{ t_{jk} - \mathrm{LT}_j, 0\}) \tag{4-10}$$

约束条件为

$$\sum_{k \in K} \sum_{j \in M} X_{jk} \leqslant K \tag{4-11}$$

$$\sum_{j \in N} X_{jk} q_j \leqslant Q \qquad k \in K \tag{4-12}$$

$$\sum_{i \in M} X_{ijk} = X_{jk} \qquad j \in M; k \in K \tag{4-13}$$

$$\sum_{j \in M} X_{ijk} = X_{jk} \qquad i \in M; k \in K \tag{4-14}$$

$$\sum_{k \in K} X_{jk} = 1 \quad j \in M \qquad\qquad (4\text{-}15)$$

$$t_{jk} = t_{ik} + s_{jk} + t_{ijk} \qquad\qquad (4\text{-}16)$$

其中，式（4-5）表示总成本最小的目标函数，式（4-6）表示发车成本，式（4-7）表示运输成本，式（4-8）表示制冷成本，式（4-9）表示货损成本，式（4-10）表示惩罚成本，式（4-11）表示配送中心的车辆可以存在剩余的情况，式（4-12）表示配送车辆容量限制，式（4-13）和式（4-14）分别表示客户需求点的流量平衡，式（4-15）表示同一个客户点仅由一辆车为其提供一次服务，式（4-16）表示车辆旅行时间的连续性。

三、机会约束模型P1

由于客户需求具有不确定性，因此在配送过程中会出现路径失败的情况，即某个客户的需求无法得到满足。为此，本部分在建立机会约束模型时，在目标函数中引入了缺货成本，即因路径失败而产生的附加成本 $C_6 = \tau \sum_{k \in K} Y_k \max\{N_k - S_k, 0\}$，在约束条件中加入了客户需求的满足率约束 $P(Y_k S_k \geqslant Y_k N_k) \geqslant \alpha \quad k \in K$。

所以，机会约束模型 P1 可表示如下形式。

目标函数为

$$\min \quad z_2 = C_1 + C_2 + C_3 + C_4 + C_5 + C_6 \qquad （4-17）$$

约束条件为

式（4-11）~ 式（4-16）

$$P(Y_k S_k \geqslant Y_k N_k) \geqslant \alpha \quad k \in K \qquad （4-18）$$

四、随机规划模型P2

本模型在建立时采用情景分析的方法来解决客户需求的不确定性，将客户需求划分为 S 种情形，具体的随机规划模型如下。

目标函数为

$$\min \quad z_3 = \sum_{s \in S} p_s (C_1^s + C_2^s + C_3^s + C_4^s + C_5^s) \qquad （4-19）$$

其中，

$$C_1^s = \sum_{k \in K} \sum_{s \in S} f_k Y_k^s \qquad （4-20）$$

$$C_2^s = \sum_{k \in K} \sum_{i,j \in M} c d_{ij} X_{ijk}^s \qquad （4-21）$$

$$C_3^s = B_1 \sum_{k \in K} \sum_{i,j \in M} X_{ijk}^s \hat{t}_{ijk}^s + B_2 \sum_{k \in K} \sum_{j \in M} X_{jk}^s s_{jk}^s \qquad (4\text{-}22)$$

$$C_4^s = P\theta_1 \sum_{k \in K} \sum_{i \in M} \sum_{j \in M} \frac{d_{ij} X_{ijk}^s u_j}{v} + P\theta_2 \sum_{k \in K} \sum_{j \in M} X_{jk}^s b_j s_{jk}^s \qquad (4\text{-}23)$$

$$C_5^s = \sum_{k \in K} \sum_{j \in N} X_{jk}^s (\theta_3 \max\{ET_j - t_{jk}^s, 0\} + \theta_4 \max\{t_{jk}^s - LT_j, 0\}) \qquad (4\text{-}24)$$

约束条件为

$$\sum_{k \in K} \sum_{j \in M} X_{jk}^s \leqslant K \qquad (4\text{-}25)$$

$$\sum_{j \in N} X_{jk}^s q_j^s \leqslant Q \qquad k \in K \qquad (4\text{-}26)$$

$$\sum_{i \in M} X_{ijk}^s = X_{jk}^s \qquad j \in M;\ k \in K \qquad (4\text{-}27)$$

$$\sum_{j \in M} X_{ijk}^s = X_{jk}^s \qquad i \in M;\ k \in K \qquad (4\text{-}28)$$

$$\sum_{k \in K} X_{jk}^s = 1 \qquad j \in M \qquad (4\text{-}29)$$

$$t_{jk}^s = t_{ik}^s + s_{jk}^s + t_{ijk}^s \qquad (4\text{-}30)$$

$$\sum_{s \in S} p_s = 1 \qquad (4\text{-}31)$$

其中，式（4-19）表示目标函数为期望总成本最低，式（4-20）

表示情景 s 下配送车辆的发车成本，式（4-21）表示情景 s 下配送车辆的运输成本，式（4-22）表示情景 s 下配送车辆的制冷成本，式（4-23）表示情景 s 下运输货物的货损成本，式（4-24）表示情景 s 下配送车辆违反客户时间窗的惩罚成本，式（4-25）表示情景 s 下配送中心的车辆可以存在剩余的情况，式（4-26）表示情景 s 下配送车辆的容量限制，式（4-27）和式（4-28）分别表示情景 s 下客户点的流量平衡，式（4-29）表示情景 s 下每个客户点仅由一辆车为其提供服务，式（4-30）表示情景 s 下配送车辆旅行时间的连续性，式（4-31）表示各种情景的概率之和为 1。

五、鲁棒随机规划模型P3

本章建立了鲁棒优化模型[75]。基于情景的鲁棒优化是将模型中的模糊参数用有限个离散片段以一定的概率来进行描述，进而得到一个近似最优解，使随机参数观测值的敏感性降低。为此在处理时可采用以下方法。

1. 在目标函数中引入可行性罚函数

与随机规划模型不同，鲁棒优化模型通过在目标函数中引入一个高阶项来增强模型的鲁棒性，即为了惩罚场景参数的偏差，在模

型的目标函数中引入一个可行性罚函数，以增强系统的鲁棒性。所以，目标函数中的可行性罚函数为

$$z_4 = \omega \sum_{s \in S} \sum_{k \in K} p_s Y_k^s (S_k - N_k)^2 \qquad (4\text{--}32)$$

2. 在目标函数中引入风险惩罚项

由于模型中的目标函数是不同情景下目标函数的期望值，忽略了不确定条件下决策的风险和目标函数值的分布，因此将风险惩罚项添加到目标函数中来惩罚不同情景下目标函数的偏差。所以，目标函数中引入的风险惩罚项为

$$z_5 = \lambda \sum_{s \in S} p_s \left(\xi_s - \sum_{h \in S} p_h \xi_h \right)^2 \qquad (4\text{--}33)$$

其中，$\xi_s = C_1^s + C_2^s + C_3^s + C_4^s + C_5^s$，此时随机规划模型的目标函数可以写为 $\min z_3 = \sum_{s \in S} p_s \xi_s$，所以鲁棒优化模型可以表示成如下形式。

目标函数为

$$\min z = z_3 + z_4 + z_5 \qquad (4\text{--}34)$$

约束条件为

$$式（4\text{--}25）\sim 式（4\text{--}31）$$

第四节　算 法 设 计

本节设计了改进的遗传算法来求解不确定需求下冷链物流车辆路径问题。该算法在基本的遗传算法中引入了进化周期的概念，使种群在进化周期内进行大变异，以增加种群的多样性，提高算法的性能。该算法具体的实施策略如下。

一、染色体编码

本节采用自然排列的编码方式进行编码，N 个客户需求点的染色体的编码长度为 N，基因为 $1 \sim N$ 的整数按顺序排列。例如，当 $N=5$ 时，一个合法的染色体可表示为 $[1,\ 3,\ 2,\ 5,\ 4]$。

二、随机生成初始种群

种群的规模对最优解的获得有重要的影响。种群规模太小，则会使最优解陷入局部最优；种群规模太大，则会影响搜索效果。本节利用自然排列的编码方式生成 N 条染色体作为初始种群。

三、交叉操作

交叉操作可以保证种群的稳定性，使其朝着最优解的方向进化。本节采用循环交叉的法则对新产生的种群进行交叉重组。循环交叉的操作过程如下[76]。

1）从父代染色体中找到一个循环的基因位。

2）将其中一个父代染色体中循环的基因复制到子代，并删去另一个父代中已在循环上的基因的原则，初步形成子代染色体。

3）用父代循环基因以外的基因来确定剩余基因上的位置，并形成新的子代，具体操作步骤如下。

第一，找出一个循环的染色体。

父代1

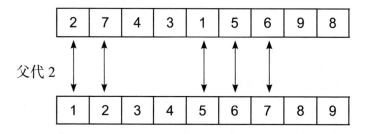

循环：$1 \rightarrow 2 \rightarrow 7 \rightarrow 6 \rightarrow 5 \rightarrow 1$

第二，将循环中的客户复制给后代。

2	7			1	5	6		

第三，为后代确定剩余客户。

		3	4				8	9

第四，形成一个后代。

2	7	3	4	1	5	6	8	9

采用同样的方法可以得到另一个后代［1 2 4 3 5 6 7 9 8］。

四、变异操作

变异算子模仿了有机体进化过程中的基因变异。在遗传算法中，变异算子在一定程度上可以避免局部收敛和保证种群的多样性。针对车辆路径问题编码的特殊性，本节在算法设计中融入了逆转变异算子、插入变异算子、交换变异算子，这三种变异算子的变异策略具体如下。

1）逆转变异算子。在父代染色体中，选择两个随机的逆转点3和6，之后将这两个逆转点内的子串反序插入原来的位置，得到子代染色体。

父代：

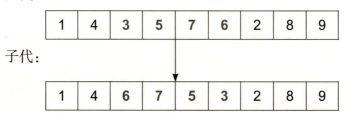

子代：

2）插入变异算子。在父代染色体中，随机选取两点4和8，将4插在8的前面，其他点的位置不变，可得到子代染色体。

父代：

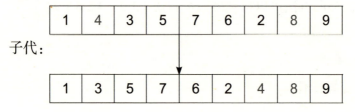

子代：

3）交换变异算子。在父代编码串中，随机选取两个交换点4和8，之后交换这两个交换点的位置，其他点的位置保持不变，得到新的子代。

父代：

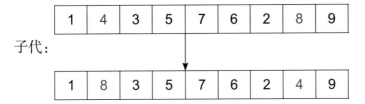

子代：

五、解码染色体

根据载重和时间窗约束对染色体 Y 进行划分，具体的操作步骤如下。

步骤 1　取 $i=1$。

步骤 2　第 i 条路线开始时 $R_i=0$，0 为配送中心。

步骤 3　尝试将染色体 Y 中的第 j 个点添加到 R_i 中，若加入 R_i 后车辆载重和时间窗都满足，那么转步骤 4，否则 $i=i+1$ 转步骤 2。

步骤 4　将染色体 Y 的第 j 位编码删除，若染色体 Y 为空，那么转步骤 5，否则 $j=j+1$ 转步骤 3。

步骤 5　将各条子路径输出。

六、选择操作

首先，计算个体的适应度值。个体的适应度是指某个物种对生

存环境适应程度的衡量。考虑到车辆路径问题的特点，本章将目标

函数值的倒数作为个体的适应度值，即 $F_i = \dfrac{1}{Z_i}$ 。其中，F_i 表示个体 i

的适应度值，Z_i 表示个体 i 所对应的目标函数值。

其次，对个体执行选择操作。本章采用轮盘赌的方法对个体进行选择。轮盘赌选择策略的基本思想如下：个体被选中的概率与其适应度函数值大小成正比。

具体的操作步骤如下。

步骤 1　计算种群中每个个体的适应度值 $F_i (i \in N)$ ，其中 N 为种群规模。

步骤 2　计算每个个体被遗传到下一代群体中的概率，其中 $x(i)$ 为个体 i 。

$$P(x_i) = \frac{F(x_i)}{\sum\limits_{j \in N} F(x_j)}$$

步骤 3　计算每个个体的累积概率，即

$$q_i = \sum_{j=1}^{i} P(x_j)$$

步骤4　在区间[0,1]内产生一个均匀分布的伪随机数 r。

步骤5　若 $r < q_1$，则选择个体1，否则，选择个体 k，使 $q_{k-1} < r < q_k$ 成立。

步骤6　重复步骤4和步骤5共 N 次，最终完成选择操作。

七、终止条件

判断迭代次数是否大于预设迭代次数。如果是，则算法终止，否则，继续进行迭代，直到迭代数达到指定的预设迭代数。

第五节　机会约束模型P1的求解与案例分析

一、求解机会约束模型P1

1. 机会约束模型P1中机会约束的处理

在机会约束模型 P1 中，需要对约束条件中的机会约束［即式
（4–18）］进行处理。本章采用蒙特卡罗随机模拟的方式对机会约束
进行处理。蒙特卡罗模拟过程如下[77]。

步骤 1　置 $G'=0$ 。

步骤 2　在区间 $[\overline{q_i}-\delta, \overline{q_i}+\delta]\,(\overline{q_i}-\delta \geqslant 0, \delta \geqslant 0)$ 内随机产生 G 组独
立的客户需求序列。

步骤 3　若 $P(Y_k S_k \geqslant Y_k N_k) \geqslant \alpha$　$k \in K$ 成立，则 $G'=G'+1$ 。

步骤 4　重复步骤 2 和步骤 3 共 G 次。

步骤 5　若 $G'/G \geqslant \alpha$ ，返回"成立"，否则返回"不成立"。

当采用蒙特卡罗方法对机会约束进行处理时，机会约束模型 P1 中的目标函数需要进行转化，变为 $\min \sum\limits_{i \in G} z_2 / G$。

2. 求解模型机会约束P1的具体步骤

步骤 1　输入初始数据。设置初始种群、最大迭代次数、进化周期、交叉概率、变异概率、蒙特卡罗模拟次数和算法开始迭代数 $gen = 1$。

步骤 2　按照自然排列的编码方式生成初始种群。

步骤 3　交叉与变异操作。引入进化周期，若满足进化周期，则染色体执行循环交叉、插入变异和逆转变异，否则染色体执行循环交叉和交换变异，生成新一代的染色体。

步骤 4　解码染色体。根据本章第四节中"五、解码染色体"部分的解码方式解码染色体，同时利用蒙特卡罗方法验证每条染色体是否满足机会约束［即式 4-18］。如果约束条件不满足，则对路径进行重新划分，否则进行下一步。

步骤 5　选择操作。本章采用轮盘赌的方法对个体进行选择，具体的操作步骤可参考本章第四节的"六、选择操作"部分。

步骤 6　终止条件。判断预设的迭代次数是否满足，若满足则算法终止，否则转到步骤 3，直到迭代次数达到指定的预设迭代次数。

步骤 7　输出最好的染色体作为最优解。

二、案例分析

本部分利用 MATLAB 软件对本章设计的基于蒙特卡罗随机模拟模型的改进遗传算法进行编程，并求解实际案例，从而验证模型和算法在实际配送业务中的科学性和可行性。

1. 数据描述与参数取值

选择 20 个超市作为客户[78]。假设每个客户对货物的需求量和需求量的概率分布未知，根据历史数据得出客户 i 的需求量的变动范围为 $[\overline{q_i}-\delta,\overline{q_i}+\delta]$ $(\overline{q_i}-\delta\geqslant 0,\delta\geqslant 0)$，其中，$\overline{q_i}$ 为客户在一段时间内的平均需求，δ 为客户需求波动的最大偏差值。基于过去的历史数据，可以得出 20 个客户的平均需求分别为 1.2、0.5、1.5、1.5、2、2、1.8、2.5、1.2、1、1.3、1、0.5、1.5、2、2.5、1.5、0.5、2.5 和 1.1。20 个客户点的坐标、时间窗和服务时间见表 4-2，配送中心 O 的坐标为（35，35）。所有路段均为非禁行路段，配送期间配送车辆的平均速度为 30 千米 / 小时，单位燃料运输成本为 3 元 / 千米，每辆冷藏车的最大载重量为 9 吨，每辆冷藏车出车的固定成本为 200 元。$B_1 = 15$ 元 / 小时，$B_2 = 20$ 元 / 小时，$P = 1\,000$ 元 / 吨，$\theta_1 = 0.002$，$\theta_2 = 0.003$，$\theta_3 = 60$ 元 / 小时，$\theta_4 = 60$ 元 / 小时，$\tau = 20$ 元 / 吨。

算法中参数的设置不仅影响算法的运算速度，而且对模型的求

解结果也有很大的影响。根据模型的特点，对算法中的参数取值[79]
设置如下：种群规模为100，最大迭代次数为200，交叉概率$P_c=0.7$，
变异概率$P_m=0.1$，进化周期LS＝10。

表4-2　客户需求信息

客户点	X坐标／千米	Y坐标／千米	期望时间窗	接受时间窗	服务时间／分钟
1	29	21	6:00—8:00	5:30—11:00	15
2	35	53	7:30—9:00	7:00—10:30	10
3	15	25	6:00—8:00	5:30—8:30	15
4	15	50	6:30—8:20	6:00—9:00	15
5	55	40	6:40—8:30	6:10—10:00	20
6	45	40	7:00—9:00	6:30—10:20	20
7	50	20	7:20—9:00	7:00—11:30	20
8	60	27	7:30—9:00	7:00—10:00	25
9	40	10	7:00—8:30	6:40—9:30	15
10	50	5	7:00—9:00	6:30—11:40	10
11	40	45	7:30—9:30	7:00—12:30	15
12	55	60	7:30—9:00	7:00—12:00	10
13	40	65	7:30—9:30	7:00—10:30	10
14	60	50	7:30—9:00	7:00—11:00	15
15	65	40	6:50—8:30	7:00—12:00	20
16	50	30	7:00—8:40	6:20—11:30	25

续表

客户点	X 坐标 / 千米	Y 坐标 / 千米	期望时间窗	接受时间窗	服务时间 / 分钟
17	55	10	7:00—8:40	6:40—11:30	15
18	25	50	7:50—9:00	7:00—12:00	10
19	25	60	6:30—8:30	6:00—11:30	25
20	15	20	7:50—9:00	7:00—11:00	15

2.试验结果分析

本章利用 MATLAB R2017a 程序包运行所设计的算法，计算机操作系统为 32 位的 Windows 7，Intel Core i7，CPU @ 3.4GHz 和内存为4GB。

1）算法收敛性分析

本部分假设 $\alpha=0.95, \delta=0.5$，客户点的需求量通过蒙特卡罗随机模拟的方法获得，取蒙特卡罗随机模拟次数 $G=[10, 20, 50, 100, 200, 500, 1\,000]$。蒙特卡罗模拟次数与目标函数标准差之间的关系见表4-3。由表4-3可以看出，目标函数标准差随着随机模拟次数的增加逐渐减小并趋于稳定，这表明本章所设计的算法具有较好的收敛性。

表 4-3　蒙特卡罗模拟次数与目标函数标准差之间的关系

蒙特卡罗模拟次数	10	20	50	100	200	500	1 000
目标函数标准差	228.8	120.09	93.1	78.1	67.8	26.7	15.6

2）客户满足率敏感性分析

本部分给出了当客户需求的偏差 $\delta=0.5$ 时，客户需求满足率 α 分别为97.5%、95%、92.5%、90%的情况下的配送路径和相应的总成本及配送里程（见表4-4和图4-3）。可以得出，无论客户需求满足率怎样变化，其所用车辆数均为4辆，当客户需求满足率不小于90%时，总成本最小为2 797.3元，总里程也最短为394.78千米；当客户需求满足率不小于97.5%时，总成本最大为3 618.32元，总里程也最长为536.69千米。随着客户需求满足率的提高，总成本和总里程都不断地增加，说明在随机需求的背景下，企业必须合理地规划配送路线，使得客户需求被满足的情况下总成本最低。

表4-4　当 $\delta=0.5$，α 取不同值时最优路径、总成本、配送里程

α 取值	97.5%	95%	92.5%	90%
配送路径	0-4-5-12-19-0	0-5-12-2-14-15-11-0	0-15-14-12-3-20-0	0-19-13-12-14-6-0
	0-15-10-17-8-0	0-9-10-17-6-0	0-5-8-10-17-0	0-16-7-8-11-0
	0-16-3-20-9-7-0	0-3-19-13-18-4-20-0	0-4-19-13-2-18-6-0	0-15-5-2-4-18-0
	0-6-14-1-18-2-13-11-0	0-7-1-8-16-0	0-16-7-9-1-11-0	0-3-20-1-9-10-17-0
总成本/元	3 618.32	3 483.21	3 052	2 797.3
配送里程/千米	536.69	486.24	438.74	394.78

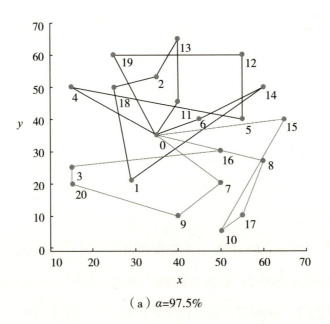

（a）α=97.5%

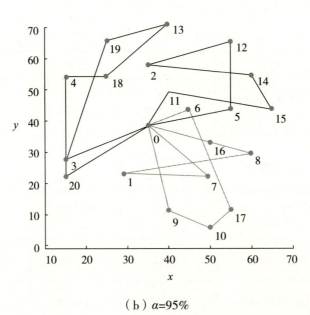

（b）α=95%

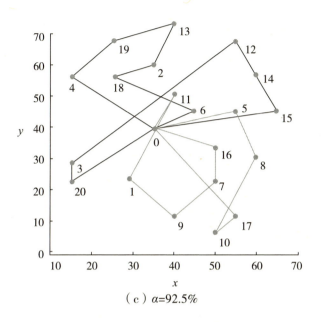

（c）α=92.5%

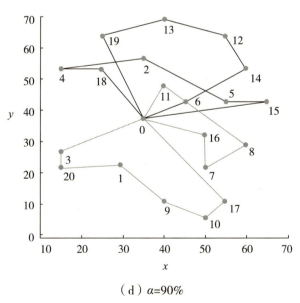

（d）α=90%

图 4-3　不同满意度下最优配送路径

3）客户需求最大偏差值 δ 的敏感性分析

本部分考虑当客户需求满足率 α 不小于 95%，δ 分别取 0、1、1.5、2 时，最优配送路径所需的车辆数、总成本及其各种子成本的值（见表 4-5）。当客户需求的最大偏差值 $\delta=0$ 时，即客户需求为确定性需求，缺货成本为零，此时客户需求满足率为 100%，所需车辆最少为 4 辆；当客户需求的最大偏差值 δ 分别取 1、1.5、2 时，即客户需求为随机取值，为了满足客户需求的车辆均为 5 辆，所以固定成本均为 1000 元。运输成本、货损成本和制冷成本波动相对稳定，这主要是因为这些子成本与运输距离有关。惩罚成本和缺货成本的波动比较明显，其中惩罚成本是由客户服务时间窗决定的，缺货成本是由客户需求的随机波动造成的。随着客户需求偏差的增加，总成本不断增加，这说明如果客户需求波动范围大，相应的总成本增加，从而使企业的运营成本增加，降低了企业利润。因此，企业在进行配送规划时，应提前对配送节点的客户需求进行调查，减小随机波动对企业运营成本的影响，提高客户需求的满足率，以保持企业与客户之间的良好关系。

表 4-5　$\alpha = 95\%$, δ 取不同值时的成本明细

偏差值	车辆数 / 辆	固定成本 / 元	运输成本 / 元	货损成本 / 元	制冷成本 / 元	惩罚成本 / 元	缺货成本 / 元	总成本 / 元
$\delta = 0$	4	800	1 195.85	231.37	334.76	115.15	0	2 677.13
$\delta = 1$	5	1 000	1 451.4	213.79	396.84	443.01	249.92	3 754.96
$\delta = 1.5$	5	1 000	1 807.02	244.33	436.8	517.03	400.86	4 406.04
$\delta = 2$	5	1 000	1 786.3	268.03	455.53	917.37	712.78	5 140.01

第六节　模型P2、P3的求解与案例分析

一、模型P2、P3的求解

由于模型 P2、P3 的不同点在于目标函数不同，而约束条件没有差异，因此两个模型在求解时算法的基本流程一样，如图 4-4 所示。流程图中操作步骤的具体实施过程请参考本章第四节。

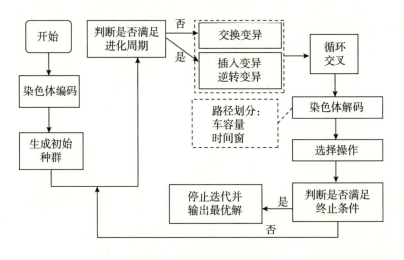

图 4-4　模型求解流程图

二、案例分析

1. 数据来源与参数取值

本章以宁波市某冷链物流配送中心为例进行分析。该冷链物流配送中心拥有数量充足的同一类型的冷藏配送车，且该物流配送中心需要向城区内的30家超市进行物流配送。冷链物流配送中心及超市的位置用1~30标号。

不确定参数的输入，是指客户需求的不确定性，可能出现4种不同的情景，各种情景发生的概率分别为0.2、0.4、0.3、0.1。根据以往的数据，设情形2中客户需求量在区间［0，2］（单位为t）随机取值，情形1客户的需求量为情形2的80%，情形3客户的需求量为情形2的1.2倍，情形4客户的需求量为情形2的1.5倍。每辆冷藏车的最大载重量均为9吨，车辆对每个客户的服务时间均为10分钟。配送中心及客户点的经纬度与时间窗见表4-6，参数和参数取值见表4-7。

表4-6　配送中心及客户点的经纬度与时间窗

编号	X坐标（经度）	Y坐标（纬度）	客户可接受时间窗	客户期望时间窗
配送中心	121.467 658	29.761 043	5:00—18:00	5:00—18:00
1	121.540 539	29.889 489	5:30—11:00	6:00—8:00
2	121.697 301	29.957 213	7:00—11:30	7:30—9:00

续表

编号	X 坐标（经度）	Y 坐标（纬度）	客户可接受时间窗	客户期望时间窗
3	121.605 033	29.879 318	5:30—10:30	6:00—8:00
4	121.47 321	29.869 614	6:00—11:00	6:30—8:20
5	121.846 752	29.890 384	6:10—10:00	6:40—8:30
6	121.500 968	29.88 408	6:30—10:20	7:00—9:00
7	121.591 394	29.864 039	7:00—11:30	7:20—9:00
8	121.611 901	29.812 355	7:00—12:00	7:30—9:00
9	121.978 535	29.905 762	6:40—11:30	7:00—9:00
10	121.681 556	29.953 093	6:30—11:40	7:30—9:00
11	121.523 406	29.904 803	7:00—12:30	7:40—9:30
12	121.444 994	29.863 405	7:00—12:00	7:30—10:00
13	121.136 600	29.93 475	7:00—12:30	8:00—9:40
14	121.500 307	29.840 041	7:00—12:00	7:30—10:00
15	121.569 737	29.87 839	6:20—11:30	7:00—9:30
16	121.57 771	29.882 979	6:40—11:30	7:00—8:40
17	121.753 842	29.954 353	6:40—11:30	7:00—8:50
18	121.59 431	29.905 421	7:00—12:00	7:50—9:00
19	121.643 934	29.802 945	6:00—11:30	6:40—8:00
20	21.522 446	29.872 965	7:00—12:00	7:40—10:20
21	121.536 151	29.774 531	7:00—11:30	7:50—10:30

续表

编号	X坐标（经度）	Y坐标（纬度）	客户可接受时间窗	客户期望时间窗
22	121.630 556	29.762 187	8:00—11:00	8:30—10:00
23	121.845 154	29.858 392	7:00—12:30	7:30—9:50
24	121.586 915	29.827 456	7:00—12:00	8:00—10:00
25	121.614 372	30.035 856	6:20—11:30	6:50—8:30
26	121.552 506	29.803 162	6:40—11:30	7:00—8:40
27	121.832 385	29.725 203	6:40—11:30	7:30—9:00
28	121.739 500	29.933 623	7:00—11:00	7:50—9:00
29	121.597 132	29.828 779	6:00—11:30	6:30—8:30
30	121.441 082	29.989 167	7:00—10:00	7:50—9:00

表 4-7　参数和参数取值

参数	参数值	参数	参数值	参数	参数值
c	3元／千米	v	30千米／小时	B_2	20元／小时
f_k	200元	B_1	15元／小时	θ_2	0.003
P	3 000元／吨	θ_1	0.002	初始种群	100
θ_3	60元／小时	θ_4	60元／小时	P_m	0.1
最大迭代	200	P_c	0.7	进化周期	10
ω	50	λ	100	—	—

由于地图上的坐标为经纬度坐标，不能直接利用两点间的距离公式求出它们之间的距离，本章采用按地球的经纬度计算大圆距离的方式进行经纬度与距离之间的转化，计算过程如下：设两个经纬度坐标点分别为(x_1, y_1)和(x_2, y_2)，地球半径$R \approx 6\ 378$千米，$\alpha_1 = \dfrac{y_1 \pi}{180}$，$\alpha_2 = \dfrac{y_2 \pi}{180}$，$\beta_1 = \dfrac{x_1 \pi}{180}$，$\beta_2 = \dfrac{x_2 \pi}{180}$，则$(x_1, y_1)$和$(x_2, y_2)$两点之间距离的计算公式为

$$d = R \times \arccos[\cos \beta_1 \cos \beta_2 \cos(\alpha_1 - \alpha_2) + \sin \beta_1 \sin \beta_2]$$

2. 算法的性能分析

随机规划模型算法收敛曲线如图 4-5 所示。

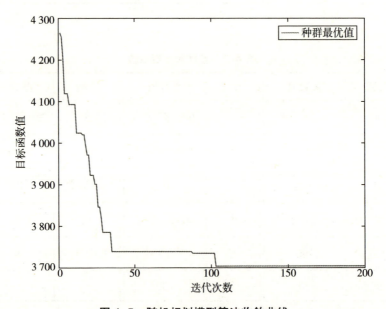

图 4-5　随机规划模型算法收敛曲线

鲁棒随机规划模型算法收敛曲线如图 4-6 所示。

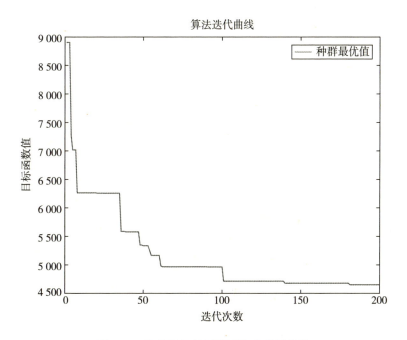

图 4-6　鲁棒随机规划模型算法收敛曲线

由图 4-6 和图 4-7 可以看出，算法在 100 代后基本趋于稳定，所以本章设计的改进的遗传算法在求解模型 P2 和 P3 时，算法的收敛性是可以接受的。

3. 随机规划优化与鲁棒优化结果对比分析

由表 4-8 和表 4-9 可以看出，随机优化模型和鲁棒优化模型在求解时车辆路径的条数是一样的，都为 6 条。其中，随机优化模型的旅行总距离为 514.32 千米，鲁棒优化模型的旅行总距离为 700.65 千米。因此，与鲁棒优化模型相比，利用随机规划模型获得的最优路径进行配送，为车辆减少了 191.33 千米的配送里程，进而使包括固定成本、运输成本、制冷成本、货损成本、惩罚成本在内的总成本减少了 785.92 元，但这都以牺牲模型的鲁棒性及系统偏差风险为代价（见表 4-10）。所以，利用鲁棒优化模型进行配送路径优化时，能够使不确定需求客户的满足率得到提高，减少市场的配送风险。

表 4-8　随机优化模型最优解

路径	0-25-30-11-6-14-0	0-27-23-28-18-1-20-0	0-13-12-15-16-26-21-0
旅行距离 / 千米	80.91	99.46	100.79
路径	0-24-7-2-10-29-0	0-4-3-19-8-22-0	0-5-9-17-0
旅行距离 / 千米	59.04	64.59	109.53

表 4-9　鲁棒优化模型最优解

路径	0-22-11-7-23-29-0	0-9-21-26-10-19-0	0-1-17-15-16-30-0
旅行距离 / 千米	100.96	156.19	101.57
路径	0-25-28-27-13-0	0-14-20-18-5-2-8-0	0-3-6-12-4-24-0
旅行距离 / 千米	183.65	95.22	63.06

表 4-10 随机优化模型与鲁棒优化模型成本明细

单位：元

函数值	z_3	z_4	z_5
随机优化模型	3 704.27	194.5	207.19
鲁棒优化模型	4 490.19	15.95	142.96

4. 模型不可行的风险系数分析

为了确定不可行风险系数对期望总费用及其期望超载的影响，本部分设定 λ 的值为 0，讨论 ω 取不同的值时，期望成本值和期望超载值与模型的不可行风险系数 ω 之间的关系，如图 4-7 所示，可以看出模型的不可行风险系数 ω 与期望成本值成正向的关系，而与期望超载值的关系则相反，且当不可行风险系数 ω 的值为 800 时，期望超载值为 0。

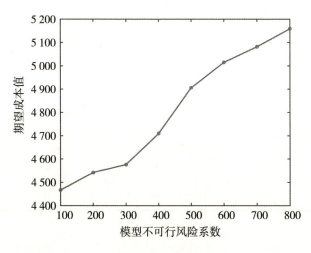

（a） 解的鲁棒性

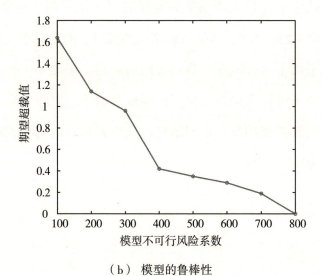

（b） 模型的鲁棒性

图 4-7   模型的不可行风险系数 ω 对解和模型鲁棒性的影响示意图

5. 目标函数风险系数分析

目标函数风险系数与（标准差）风险的关系如图 4-8 所示，可以看出随着目标函数风险系数的增加，标准差变小。

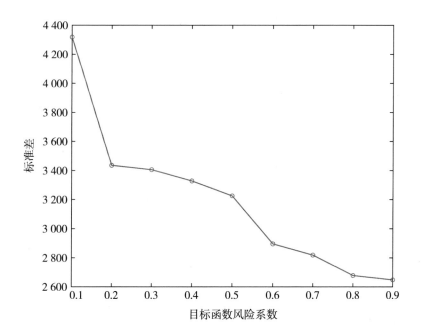

图 4-8 目标函数风险系数与标准差的关系

第七节 小 结

本章主要研究了不确定需求下的冷链物流车辆路径问题，分别建立了带机会约束的数学规划模型，以及基于情景分析法的随机规划模型和鲁棒随机规划模型（这些模型的目标函数为总的配送成本最小）。

为了对机会约束规划模型进行求解，本章设计了基于蒙特卡罗随机模拟的遗传算法，并对客户需求偏差和客户满足率的敏感性进行了详细的分析。结果表明，两者的变动对成本的影响较大，因此，企业在运营过程中必须做好客户需求的前期调查工作，减小客户不确定需求对企业的影响，合理安排配送车辆，从而使配送企业实现效益最大化，同时满足客户需求。

针对基于情景的随机规划模型和鲁棒随机规划模型，本章设计了周期进化遗传算法对模型进行求解，对比分析了随机规划模型与鲁棒优化模型最优解之间的差异性，分析了鲁棒优化模型解的稳定性。结果表明，模型的不可行风险系数 ω 与期望成本值成正向关系，而与期望超载值的关系则相反。最后，分析并得出目标函数风险系数与标准差之间成反向关系。

第五章

多车场城市冷链物流配送路径优化研究

第一节　概　述

随着社会经济的快速发展，单车场已难以满足客户日益增加的需求，许多企业开始根据客户需求建立多个配送中心，从而在较短的时间内可以将商品送到客户的手中，提高整个运输环节的效率。因此，在实际物流配送过程中，多车场的车辆路径问题越来越普遍，研究多车场的城市冷链物流车辆路径问题具有重要的现实意义。

车辆路径问题最早由 Danzig 和 Ramser 于 1959 年提出。车辆路径问题是一个经典的组合优化问题。多配送中心车辆路径问题（Multiple Depot Vehicle Routing Problem，MDVRP）是车辆路径问题的一个变种，主要研究企业在建立多个配送中心情况下的车辆路径问题，根据客户的位置，将客户分配给合适的配送中心和车辆，以实现配送中心之间车辆资源的最优配置。国内外学者对多配送中心车辆路径问题的研究主要集中在模型设计和算法改进上。Rahimi-Vahed 等给出了具有多配送中心和多周期的车辆路径问题的数学模型，其目标函数是最小化总行驶成本，并设计了路径连接算法来求解所构建的模型[80]。Tu 等提出了一种 Voronoi 图来解决超大规模的多配送中心车辆路径问题[81]。Escobar 等设计了一种混合粒子禁忌搜索算法来解决多配送中心车辆路径问题[82]。Cordeau 等提出了一种混合技术，该技术首先应用蚁群优化算法，然后采用模拟退火局部搜索方法来解决多配送中心周期性开放式有容量限制的弧路问题[83]。Chu 等开发了一种启发式算法，该算法不仅可以用于从多个配送中心调配有限数量的卡车到同时有提货和交货需求的客户点，还可以通过最小化总成本函数来选择外部承运人[84]。Kanso 研究了多配送中心周期性开放式有容量限制的弧路问题，并提出了一种混合技术，该技术首先应用蚁群优化算法，然后采用模拟退火局部搜索方法来解决该问题[85]。胡蓉等[86]以城市中心拥堵路况的实际状况为研究背景，建立了以最小化总燃料消耗成本为目标函数的绿色多车辆路径问题模型，并设计了一种将蚁群优化算法与知识模型相结合的学习型蚁群优化算法来解决该模型。周鲜成等构建了一个多配送中心绿色车辆路径模型，该模型的优化目标是最小化车辆燃料成本、碳排放成本、车辆使用成本、驾驶员工资和时间窗口惩罚成本之和[87]。还有一些学者研究了新鲜货物物流配送路径问题，并设计了改进的蚁群算法来解决这个问题[88~90]。

本章在对冷链物流配送车辆路径问题分析的基础上，建立了以最小化总成本为目标函数的规划模型，总成本包括运输成本、制冷成本和货损成本，模型的约束条件考虑了车辆容量的限制和客户的时间窗。为了求解这个问题，设计了改进的蚁群算法，该算法在基本蚁群算法的基础上，改进了状态转移概率因子和信息素更新规则，并引入了一种自适应调整策略。本章设计的改进算法克服了最优解陷入局部最优和过早收敛的缺点。本章还通过实际案例验证了所设计的算法的有效性和可行性。本章的研究成果可以为相关冷链物流企业的配送车辆路径提供科学合理的理论依据。

第二节　问题描述与符号说明

一、问题描述

本章所研究的问题可以描述为如下形式：设某企业有 M 个冷链物流配送中心，每个配送中心拥有相同数量的冷藏车，每辆冷藏车的最大载重量为 Q，在配送中心位置、客户点位置、客户需求量已知的前提下，为 N 个客户提供配送服务。假设客户 i 允许的最早服务时间为 ET_i，最晚服务时间为 LT_i，即客户 i 的服务时间窗为 $[ET_i, ET_i]$，确定在满足客户时间窗和车容量的情形下，使车辆配送路径的总成本最小。

二、符号说明

本章所用的符号和变量的含义见表 5–1。

表 5-1　符号和变量的含义

符号和变量	含义
M	车场集合
K_m	第 m 个车场拥有的冷藏车的数量
N	客户集合
m	车场索引
d_{ij}	客户（车场）i 与客户 j 的距离（单位为千米）
c	冷藏车每千米的运输成本（单位为元 / 千米）
θ_1	运输过程中单位时间的货损率
θ_2	装卸环节单位时间的货损率
$[ET_j, LT_j]$	客户 j 要求服务的时间窗
P_2	单位商品的价格（单位为元）
u_{jm}^k	车场 m 的车辆 k 到达客户点 j 时车厢内剩余的货物量（单位为千克）
t_{jm}^k	车场 m 的车辆 k 在客户点 j 的服务时间（单位为小时）
v	冷藏车行驶的平均速度（单位为千米 / 小时）
W	燃油消耗量（单位为克 / 小时）
W_1	运输过程中制冷机运行产生的燃油消耗量（单位为克 / 小时）
W_2	卸货过程中制冷机运行产生的燃油消耗量（单位为克 / 小时）
ω	制冷机功率利用系数

续表

符号和变量	含义
ε	燃油消耗率（单位为克／千瓦·时）
P_e	制冷机有效功率（单位为千瓦）
ξ	燃油比重
θ_3	单位重量的燃油价格（单位为元）
q_j	客户的需求量
x_{ijm}^k	0–1变量，当车场 m 的车辆 k 从客户点 i 行驶到客户点 j 时，取值为1，否则为0
y_{jm}^k	0–1变量，当客户点 j 由车场 m 的车辆 k 提供服务时，取值为1，否则为0

第三节　模 型 建 立

一、成本分析

本章结合水产品在配送过程中的实际情况，将配送车辆路径成本划分为三个部分，即运输成本、由水产品易腐易变质特性产生的货损成本、为了保证水产品质量而产生的制冷成本。

1. 运输成本

运输成本主要包括车辆在行驶过程中的油耗、里程、时间等因素所产生的成本，与车辆在配送过程中的里程数成正比，可以表示为

$$C_1 = \sum_m \sum_k \sum_{i,j} c d_{ij} x_{ijm}^k \quad (m \in M; k \in K_m; i \in M \cup N; j \in N) \qquad （5-1）$$

2. 货损成本

结合实际情况，本章将水产品在冷链物流配送过程中的货损分为两个部分来考虑：一部分为运输过程中的货损成本，其取值与运输过程中货物的货损率、运输时间、货物量有关；另一部分为卸货过程中的货损成本，其取值与卸货过程中的货损率、卸货时间、货物量有关。货损成本可表示为

$$C_2 = P_2 \sum_m \sum_k \sum_{i,j \in C} (\theta_1 \frac{d_{ij} x_{ijm}^k u_{jm}^k}{v} + \theta_2 t_{jm}^k u_{jm}^k) \ (m \in M; k \in K_m; i \in M \cup N; j \in N)$$

（5-2）

3. 制冷成本

为了保证水产品在配送过程中的品质，冷藏车为维持车厢内的温度与湿度所产生的成本称为能耗成本。目前，市场上冷藏车的制冷方式主要有液氮制冷、机械制冷、干冰制冷、冷板制冷等，本章考虑的制冷方式为机械制冷，在制冷过程中所产生的费用与燃油消耗、时间、货物的质量相关。刘广海等[91]通过能耗等方面的仿真试验得出，在稳定环境下制冷的耗油效率在某个常数范围内波动，可取常数代替。燃油消耗量[92]的计算公式为 $W = \omega \frac{\varepsilon P_e}{\xi} \times 10^{-3}$，所以水产品冷链物流配送过程中所消耗的能耗成本为

$$C_3 = \sum_m \sum_k \sum_{i,j} \theta_3 W_1 \frac{d_{ij} x_{ijm}^k u_{jm}^k}{v} + \sum_m \sum_k \sum_j \theta_3 W_2 t_{jm}^k \quad (m \in M; k \in K_m; i \in M \cup N; j \in N)$$

$$（5-3）$$

二、模型建立

在上述水产品冷链物流配送成本分析的基础上，构建带硬时间窗的多车场冷链物流配送车辆路径模型。

目标函数为

$$\min Z = C_1 + C_2 + C_3 \tag{5-4}$$

约束条件为

$$\sum_{j \in N} \sum_{k \in K_m} x_{ijm}^k \leqslant K_m \quad (i \in M) \tag{5-5}$$

$$\sum_{j \in N} q_j y_{jm}^k \leqslant Q \quad (m \in M, k \in K_m) \tag{5-6}$$

$$\sum_{m \in M} \sum_{k \in K_m} y_{jm}^k = 1 \quad (j \in N) \tag{5-7}$$

$$\sum_{i \in M \cup N} \sum_{m \in M} \sum_{k \in K_m} x_{ijm}^k = y_{jm}^k \quad (j \in N) \tag{5-8}$$

$$\mathrm{ET}_j \leqslant t_{jm}^k \leqslant \mathrm{LT}_j \quad (j \in N) \tag{5-9}$$

$$x_{ijm}^{k} \in \{0,1\}\,; \ y_{im}^{k} \in \{0,1\} \qquad\qquad （5\text{--}10）$$

其中，式（5--4）表示以总成本最小为目标函数，式（5--5）表示各车场为客户提供服务的车辆数不超过该车场总的车辆数，式（5--6）表示每辆车的配送量不超过该车的最大载重量，式（5--7）表示一个客户只能由一个车场的一辆车提供服务，式（5--8）表示两个决策变量之间的关系，式（5--9）表示冷藏车为客户 j 提供服务时间满足客户 j 的硬时间窗要求，式（5--10）表示 x_{ijm}^{k} 为 0--1 变量。

第四节　算　法　设　计

蚁群算法是一种用来寻找优化路径的概率型计算方法，最早是意大利学者 M. Dorigo 提出的，其灵感来源于蚂蚁在寻找食物的过程中发现路径的行为。蚁群算法具有鲁棒性、灵活性、正反馈机制、分布并行计算等优点，但存在自身易陷入局部最优、搜索时间较长、收敛过早等缺点。本章针对蚁群算法的缺点在状态转移概率、信息素更新等方面进行了改进。

一、状态转移规则

本章采用随机选择和确定选择相结合的方法对蚂蚁的状态进行转移，并引入了在区间 $[0,1]$ 内均匀分布的随机变量 q，以及参数 $q_0 \in [0,1]$。当 $q \leqslant q_0$ 时，蚂蚁执行的是确定性选择；当 $q > q_0$ 时，蚂蚁执行的是随机选择。

确定性选择规则如下：

$$j = \begin{cases} \arg\max_{\text{allowd}_k}\{[\tau_{ij}]^\alpha[\eta_{ij}]^\beta[w_{ij}]^\gamma[r_{ij}]^\theta\} & \text{if } q \leqslant q_0 \\ P_{ij}^k & \text{if } q > q_0 \end{cases} \quad （5-11）$$

随机选择规则如下：

$$P_{ij}^k = \begin{cases} \dfrac{[\tau_{ij}]^\alpha[\eta_{ij}]^\beta[w_{ij}]^\gamma[r_{ij}]^\theta}{\displaystyle\sum_{s\in\text{allowd}_k}[\tau_{is}]^\alpha[\eta_{is}]^\beta[w_{is}]^\gamma[r_{is}]^\theta} & j \in \text{allowd}_k \\ 0 \end{cases} \quad （5-12）$$

其中，τ_{ij} 为（i, j）边上的信息素轨迹强度；η_{ij} 为（i, j）边期望度，其值 $\eta_{ij} = \dfrac{1}{d_{ij} + d_{0j}}$，$d_{ij}$ 为客户点 i 与客户点 j 之间的距离，d_{0j} 为客户点 j 与配送中心 0 之间的距离，可以帮助蚂蚁更好地搜索到全局最优解；w_{ij} 为车辆从客户点 i 到客户点 j 的满载率，其值 $w_{ij} = \dfrac{G_i + q_j}{Q}$，$G_i$ 表示车辆在客户点 i 的累积载重量，q_j 为客户点 j 的需求量，Q 为车辆的容量；r_{ij} 为当车辆由客户 i 到客户 j 时客户 j 的时间窗紧度，其值为 $r_{ij} = \dfrac{1}{\text{LT}_i - \text{ET}_i}$，该值越小，被选择的机会越大；$\alpha$、$\beta$、$\gamma$、$\theta$ 分别反映各个变量对蚂蚁进行路径选择的影响程度；allowd_k 为蚂蚁 k

在客户点 i 时可选择的客户的集合；P_{ij}^k 表示蚂蚁 k 在客户点 i 时，离蚂蚁 k 越近，信息素浓度越大，载重量越大，客户 j 越容易被选择。

二、信息素更新规则

本章采用局部更新与全局更新相结合的方式，以加快算法收敛，提高计算速度。其中，局部更新策略由式（5-13）、式（5-14）、式（5-15）完成，全局更新策略由式（5-16）、式（5-17）完成。

$$\tau_{ij}(t+1) = (1-\rho)\tau_{ij}(t) + \Delta\tau_{ij}(t,t+1) \qquad （5-13）$$

$$\Delta\tau_{ij}(t,t+1) = \sum_{k=1}^{m} \Delta\tau_{ij}^k(t,t+1) \qquad （5-14）$$

$$\Delta\tau_{ij}^k(t,t+1) = \begin{cases} \dfrac{Q_1}{L_k} & \text{If } k\text{th antpasses through path } (i,j) \text{ in this cycle} \\ 0 & \text{otherwise} \end{cases}$$

$$\qquad （5-15）$$

$$\tau_{ij}(t+n) = (1-\rho)\tau_{ij}(t) + \Delta\tau_{ij}(t,t+n) \qquad （5-16）$$

$$\Delta \tau_{ij}(t, t+n) = \begin{cases} \dfrac{Q_1}{L_{\text{best}}} & \text{The optimal path includes } (i, j) \\ 0 & \text{otherwise} \end{cases} \quad （5\text{-}17）$$

其中，ρ 为信息素挥发因子；Q_1 为蚂蚁释放的信息素总量；L_k 为第 k 只蚂蚁在一次循环中所走过的路径；$\tau_{ij}(t, t+1)$、$\Delta\tau_{ij}(t, t+1)$、$\Delta\tau_{ij}^k(t, t+1)$ 分别表示完成一次循环边（i, j）的信息素含量、信息总的增量、第 k 只蚂蚁留下的单位长度的信息素增量；$\Delta\tau_{ij}(t+n)$ 表示所有蚂蚁完成一次周游后，边（i, j）信息素的含量及其信息素的增量；L_{best} 为一次迭代中的最优路径。为了避免信息素的取值过大或过小，在信息素更新完成后，利用最大最小原则，将各条路径的信息素限制在区间 $[\tau_{\min}, \tau_{\max}]$ 内，即当 $\tau_{ij}(t) > \tau_{\max}(t)$ 时，$\tau_{ij}(t) = \tau_{\max}(t)$；当 $\tau_{ij}(t) < \tau_{\min}(t)$ 时，$\tau_{ij}(t) = \tau_{\min}(t)$。

三、自适应调整策略

为了避免在求最优解时连续若干代求解结果无明显改进，本章引入了对 ρ 进行自适应调整策略，具体调整如下：

$$\rho_n = \begin{cases} 1.05\rho_{n-1} & \text{if} \quad 1.05\rho_{n-1} \leqslant \rho_{\max} \\ \rho_{\max} & \text{otherwise} \end{cases} \quad （5\text{-}18）$$

其中，ρ_n 表示第 n 次迭代时的 ρ 值，ρ_{n-1} 表示第 $n-1$ 次迭代时的 ρ 值，ρ_{max} 表示在进化过程中 ρ 的最大值。需要确保 ρ 较大时，算法收敛速度仍保持在可接受程度。

四、改进蚁群算法的求解步骤

步骤1　初始化各个基本参数，即 q_0、α、β、γ、θ、ρ、Q_1、τ_{min} 和 τ_{max}，设置最大迭代次数 N_{max} 及其蚂蚁个数 m。

步骤2　将蚂蚁置于虚拟配送中心，设其载重量为0，初始出发时间为0。先对配送中心进行选择，再对状态转移规则进行选择，计算载重量、客户的时间窗长度、客户点的距离等，按照公式对每只蚂蚁选择下一个客户点并转移，同时更新载重和禁忌表。

步骤3　在不超过车辆容量和满足客户硬时间窗的前提下，若蚂蚁已经遍历所有的客户点，则返回出发点，若 allowd 表中还有未选客户，但是任意一个客户的需求量均超过车辆载重量，则令其返回出发点，清空载重，并转入步骤2。

步骤4　当每只蚂蚁都到达下一个节点后，按照式（5-13）、式（5-14）、式（5-15）的规则对边进行一次信息素更新，并确保信息素水平在区间 $[\tau_{min}, \tau_{max}]$ 内。

步骤5　重复步骤2至步骤4，直到每只蚂蚁均完成一次循环，记录最优路径，并按式（5-16）、式（5-17）的更新规则对信息素进行一次全局更新，同时确保信息素水平在区间$[\tau_{min},\tau_{max}]$内，清空禁忌表，更新迭代次数$N=N+1$。

步骤6 重复步骤2至步骤5，若算法陷入停滞状态，按式（5-18）对ρ进行调整，若$N\leqslant N_{max}$，转入步骤2，否则输出当前最优解与最优路径。

第五节　案例分析

一、案例描述

设有三个配送中心，需要为 24 个客户提供配送服务，每个配送中心拥有相同数量的冷藏车（均为 4 辆），每辆冷藏车的最大载重量均为 4 吨，配送中心 I 的坐标（9.56，4.03），配送中心 II 的坐标（4.9，13.9），配送中心 III 的坐标（14.59，13.46），各个客户的坐标位置、货物需求量、时间窗及其服务时间随机生成，见表 5-2。要求在不违背客户时间窗要求和车辆载重的条件下，合理安排配送车辆的行车路线，使配送的总成本最低。

本章参数设定情况如下：$v = 30$ 千米 / 小时，$Q = 4$ 吨，$c = 3$ 元，$\theta_1 = 0.0001$，$\theta_2 = 0.00015$，$P = 20\,000$ 元 / 吨，$\theta_3 = 9.3$ 元 / 千克，$W_1 = 1$ 千克 / 小时，$W_2 = 2$ 千克 / 小时，$\alpha = 1$，$\beta = 2$，$\gamma = 1$，$\theta = 1$，$\rho = 0.3$，$\rho_{max} = 0.5$，$Q_1 = 100$，$\tau_{min} = 0.5$，$\tau_{max} = 4$，$N_{max} = 300$，$m = 50$，当 $N \leqslant N_{max}$ 时，$q_0 = 0.2$，否则 $q_0 = 0.8$。

173

表 5-2 客户信息表

客户编号	1	2	3	4	5	6	7	8	9	10	11	12
横坐标 x/千米	2.96	16.5	6.52	7.27	14.9	7.04	6.14	0.62	14.45	4	3.9	15.1
纵坐标 y/千米	13.36	14.38	18.82	5.26	16.45	14.25	5.03	14.85	12.08	1.42	9.09	17.9
客户需求量/吨	1.8	0.4	3	0.5	0.2	0.8	1.5	1.9	1	1.7	0.8	1.3
服务时间/小时	0.3	0.1	0.4	0.1	0.1	0.1	0.3	0.2	0.2	0.3	0.1	0.2
时间窗	[0.7,6.4]	[8,13.8]	[8.7,13.3]	[1.3,2.6]	[0.1,4.4]	[3.5,7.5]	[1.6,4]	[3.5,8.4]	[3.8,9.4]	[0.5,36]	[8.6,13.5]	[1,6.9]

客户编号	13	14	15	16	17	18	19	20	21	22	23	24
横坐标 x/千米	0.33	12.28	2.33	11.92	10.48	6.44	13.6	17.14	12.74	11.59	18.02	17.21
纵坐标 y/千米	11.47	0.34	15.85	13.1	10.76	11.28	7.98	8.53	9.43	2.67	10.56	12.43
客户需求量/吨	0.9	1.9	1.9	0.7	1.8	2	0.6	0.2	1.8	1	1.1	1.6
服务时间/小时	0.2	0.3	0.3	0.1	0.3	0.4	0.2	0.1	0.3	0.1	0.1	0.3
时间窗	[2.4,7.1]	[0.6,3.4]	[3.2,7.5]	[8.2,13.7]	[6.2,10.6]	[1,6.6]	[3.9,9.2]	[0.1,5.1]	[7.5,12.2]	[0.2,2.8]	[0.4,5.6]	[9.1,14.7]

二、模型求解

利用 MATLAB 2017a 对本章的算法进行编程实现，随机求解 10 次得到最优结果，见表 5-3 和图 5-1。

表 5-3　配送中心路径与成本分析表

车场	配送路径	总的车辆载重 /t	运输成本 /元	制冷成本 /元	货损成本 /元
I	I–14–22–4–I	3.4	43.95	16.07	6.15
	I–7–10–I	3.2	41.85	16.91	5.65
II	II–15–1–II	3.7	22.18	15.97	5.95
	II–11–18–6–II	3.6	40.39	15.04	6.64
	II–8–13–II	2.9	38.86	12.19	3.24
	II–3–II	3	31.08	12.26	4.64
III	III–21–24–III	3.4	37.89	18.51	6.08
	III–9–23–20–5–12–III	3.8	64.93	19.88	7.14
	III–17–16–2–19–III	3.5	75.04	22.58	6.22

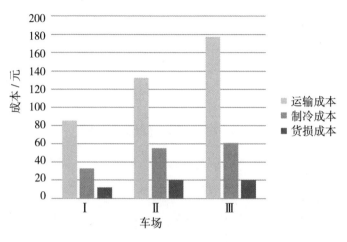

图 5-1　车场各项成本之和

在整个配送过程中，3 个车场总共使用 9 辆冷藏车为 24 个客户提供服务。车场 3 服务的客户数量最多，并且总成本最高；而车场 1 服务的客户数量最少，并且总成本最低。具体情况如下：配送中心 I 使用 2 台冷藏车，服务的客户点编号为 14、22、4、7、10，配送路径为 I–14–22–4–I 、 I–7–10–I，所用运输成本为 85.8 元、制冷成本为 32.98 元、货损成本为 11.8 元，成本总和为 130.58 元；配送中心 II 使用 4 台冷藏车，服务的客户点编号为 15、1、11、18、6、8、13、3，配送路径为 II–15–1–II 、 II–11–18–6–II 、 II–8–13–II 、 II–3–II，所用运输成本为 132.51 元、制冷成本为 55.46 元、货损成本为 20.47 元，成本总和为 208.44 元；配送中心 III 使用 3 台冷藏车，服务的客户点编号为9、23、20、5、12、17、16、2、19、21、24，配送路径为Ⅲ–21–24–Ⅲ、Ⅲ–9–23–20–5–12–Ⅲ、Ⅲ–17–16–2–19–Ⅲ，所用运输成本为177.86元、制冷成本为60.97元、货损成本为19.44元，成本总和为258.27元。

三、算法对比

为了进一步验证本章提出的算法的有效性，下面将本章所建立的模型中的制冷成本与货损成本删除，利用改进的蚁群算法、禁忌搜索算法与基本蚁群算法进行对比，得出目标函数最优解随迭代次数的变化曲线。算法收敛曲线如图5-2所示，可以看出本章提出的算法能够较快地搜索到本节所描述问题的最优解，且解的稳定性优于禁忌搜索算法和基本蚁群算法。因此，本章提出的算法在求解多配送中心车辆路径问题时具有很好的适用性。

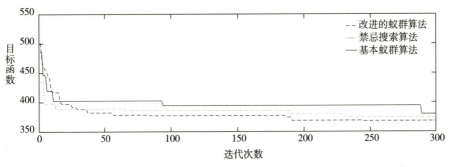

图 5-2　算法收敛曲线

177

第六节　小　结

　　本章构建了具有容量约束带硬时间窗的多车场水产品冷链物流配送混合整数线性规划模型，并且在目标函数中给出了考虑多因素变量函数形式的货损成本与制冷成本，使其更贴近实际物流配送所产生的货损成本与制冷成本。通过对状态转移概率、信息素更新对蚁群算法进行改进，同时引入了自适应调整策略，避免在模型求解过程中陷入局部最优解。案例分析与算法对比结果表明，本章所给的模型与算法在实际应用中是可靠和有效的，可以为相关冷链物流企业开展配送优化提供科学合理的理论依据。

第六章

需求不确定与时间依赖的城市冷链物流选址-路径优化研究

第一节　概　　述

城市配送中心选址是物流企业最重要的决策问题之一，直接影响物流系统的配送效率和物流控制水平。配送中心位置的正确确定对于整个配送系统的运营效率和效益的提高具有重要意义[93]。城市配送车辆路径成本，在整个物流配送过程中所占的比例最高，一直以来都是学者研究的热点和重点[94]。所以，可靠、高效、灵活的配送中心和配送路线决策，不仅可以节省配送成本和时间，而且可以提高配送效率和企业的竞争力[95]。

设施选址和车辆路径的合理性对系统物流网络优化具有重要意义[96]。多年来，这两个问题的相互依赖促进了选址－路径问题定义的产生，其目标是寻找选址和车辆路径问题单一解[97]。选址－路径问题的概念最早可以追溯到 1961 年。Boventer[98]讨论了在运输过程中区位选择与运输成本的关系。之后很多学者对选址－路径问题及其变体进行了研究。Prodhon[99]研究了多周期的选址－路径问题，并设计了基于随机扩展的 Clarke and Wright 混合进化算法对模型进行求解。Koç 等[100]研究了城市配送中的选址－路径问题，设计了自适应大规模邻域搜索算法，通过标准算例验证了算法的有效性和可行性。周翔等[101]研究了自提点的选址－路径问题。邱晗光等[102]建立了以配送数量最大和配送成本最低的双目标规划模型，并设计了改进智能算法对模型进行求解，以确定自提柜的选址点、配送时间及配送路线。

Zhang 等[103]先利用不确定信息理论建立了应急设施选址－路径问题的多目标模型，再利用主要目标函数法将多目标模型转化为单目标模型，并设计了混合智能算法来求解模型，最后通过案例说明了算法的鲁棒性和有效性。Zhang 等[95]和 Yannis 等[104]分别研究了模糊需求和随机需求下的选址－路径模型，并设计了混合智能算法对模型进行求解。武楚雄等[105]研究了道路的通行时间随车辆旅行时间不同而发生变化的选址－路径问题，建立了双层规划模型，并设计了不同智能算法分阶段分别求解设施选址和车辆路径。徐建华[106]引入了货物在运输过程中产生的货损成本，建立了考虑两阶段运输成本、货损成本、惩罚成本和服务水平的选址－路径优化模型，并设计了 GA-PSO 算法来解决该问题，然而该模型没有考虑能源消耗成本。Rahmanifar 等[107]针对冷链物流中的设施选址与车辆路径问题，建立了非线性多目标优化模型，该模型综合考虑了多请求、异质客户需求、不同温度范围和车辆类型等因素，旨在通过信息整合提升运营效率、降低成本，确保温度敏感型货物的最佳交付状态。Li和Zhou[108]从多目标的角度探讨了冷链物流中的选址－路径优化问题。Wang 等[109]研究了考虑碳足迹的冷链物流配送网络，建立了包含碳排放成本的最低总成本模型，设计了混合算法对所建模型进行求解。D.Li 和 K.Li[110]建立了以碳排放交易成本最低、网络成本最低及客户满意度最大的多目标配送模型，设计了改进的非支配排序遗传算法Ⅱ，该算法提高了初始种群的多样性、局部搜索能力和搜索精度。王成林等[111]以生鲜品为研究对象，建立了双目标两层级物流配送网络选址－路径模型，该模型以服务质量最高、物流节点建造成本及物流运营服务成本最低为目标函数，并设计了求解该模型的改进遗传算法。

　　然而，在城市的实际路网中，由于受上下班高峰期等不确定因素的影响，城市道路的交通拥堵程度在不同时间段存在较大差异，因此配送车辆的车速在不同时段不相同。正因如此，配送车辆的行驶路径需要随之做出相应的调整[112, 113]。同时，人们对各类产品的需求也会随时间不断改变。本章在研究城市配送选址－路径问题时，同时考虑了客户需求的不确定性和车辆行驶速度的时变性。可以将该问题看作客户需求不确定选址－路径问题（Location-Routing

Problem with Uncertain Demand，LRPUD）和时间依赖选址－路径问题（Time-Dependent Location-Routing Problem，TDLRP）的集成，并将其记为 TDLRPUD。

第二节　问题描述与符号说明

一、问题描述

假设在冷链物流配送网络中存在多个待选配送中心，若干个客户需求点（见图 6-1）、客户点的地理位置已知，但客户点的需求量不确定，且车辆在行驶过程中的行驶速度在不同的时间段内会因为受交通状况的影响而发生变化。本节拟解决如下问题。

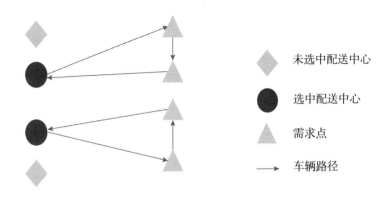

未选中配送中心

选中配送中心

需求点

车辆路径

图 6-1　选址 – 路径问题示例

1）在配送总成本最低和车辆容量限制下，建立鲁棒优化模型并设计算法，确定在不同的鲁棒水平下最佳配送中心选址点，以及最优的配送线路、配送车辆的服务水平。

2）在给定的鲁棒水平下，考虑交通拥堵指数（即车辆的行驶速度不同），确定最佳的配送中心选址点及其客户的配送安排。

二、符号说明

在建模之前，先给出相关符号的含义，见表 6-1。

表 6-1　符号的含义

符号	含义
D	备选配送中心的集合
K_i	第 i 个备选配送中心拥有的车辆集合，$i \in D$
N	客户集合
d_{jl}	客户点 j 与客户点 l 之间的距离
q_j	客户 j 的需求量
c_1	单位距离的运输成本
t_{ijl}^{k}	配送中心 i 的车辆 k 从路段 j 到 l 的行驶时间
s_l	车辆为客户 l 提供服务的时间

续表

符号	含义
t_l	车辆到达客户 l 的时间
ET_l	客户 l 要求服务时间窗的下限
LT_l	客户 l 要求服务时间窗的上限
α_1	单位时间驾驶员的工资
α_2	运输过程中单位时间的制冷成本
α_3	卸货过程中单位时间的制冷成本
t_{ij}^{sk}	配送中心 i 的车辆 k 为客户 j 开始提供服务的时间
λ	配送中心单位货物的中转成本
Q	配送车辆的车容量
Y_k	若车辆 k 被使用，则取值为 1，否则取值为 0
Y_{ij}	若备选配送中心 i 为客户 j 提供服务，则取值为 1，否则取值为 0
X_{ij}^k	若配送中心 i 的车辆 k 为客户 j 提供服务，则取值为 1，否则取值为 0
X_{ijl}^k	若配送中心 i 的车辆 k 在路段 j 到 l 行驶，则取值为 1，否则取值为 0

第三节 模 型 建 立

本章建立了以配送中心中转成本、配送车辆的运输成本、驾驶员工资、制冷成本之和最小为目标函数的带硬时间窗的选址 – 路径规划模型。

目标函数为

$$\min z = C_1 + C_2 + C_3 + C_4 \tag{6-1}$$

其中，

$$C_1 = \lambda \sum_{i \in D} \sum_{j \in N} q_j Y_{ij} \tag{6-2}$$

$$C_2 = \sum_{k \in K_i} \sum_{i \in D} \sum_{j \in D \cup N} \sum_{l \in D \cup N} c_1 d_{jl} X_{ijl}^k Y_k \tag{6-3}$$

$$C_3 = {}_1\sum_{k \in K_i} \sum_{i \in D} \sum_{j \in D \cup N} \sum_{l \in D \cup N} X_{ijl}^k Y_k (t_{ijl}^k + s_l + \max\{\mathrm{ET}_l - t_l, 0\}) \tag{6-4}$$

$$C_4 = \alpha_2 \sum_{k \in K_i} \sum_{i \in D} \sum_{j \in D \cup N} \sum_{l \in D \cup N} X_{ijl}^k Y_k (t_{ijl}^k + \max\{\mathrm{ET}_l - t_l, 0\}) + \alpha_3 \sum_{k \in K_i} \sum_{i \in D} \sum_{j \in D \cup N} Y_k X_{ij}^k s_j$$

（6–5）

约束条件为

$$\sum_{j \in N} X_{ij}^k q_j \leqslant Q \quad \forall k \in K_i, j \in D$$

（6–6）

$$\sum_{i \in D} \sum_{j \in N} X_{ijl}^k = \sum_{i \in D} \sum_{j \in N} X_{ilj}^k \quad \forall l \in N, k \in K_i$$

（6–7）

$$\sum_{i \in D} \sum_{j \in D \cup N} X_{ij}^k = 1 \quad \forall k \in K_i$$

（6–8）

$$\sum_{i \in D} \sum_{j \in D \cup N} X_{ji}^k = 1 \quad \forall k \in K_i$$

（6–9）

$$\sum_{i \in D} \sum_{k \in K_i} \sum_{j \in D \cup N} X_{ijl}^k = 1 \quad \forall l \in N$$

（6–10）

$$\sum_{i \in D} \sum_{k \in K_i} \sum_{\substack{j,l \in S \\ j \neq l}} X_{ijl}^k \leqslant |S| - 1 \quad S \subseteq N$$

（6–11）

$$\mathrm{ET}_j X_{ij}^k \leqslant t_{ij}^{sk} \leqslant \mathrm{LT}_j X_{ij}^k \quad \forall i \in D, j \in N, k \in K_i$$

（6–12）

$$t_l \leq \max(\mathrm{ET}_j, t_j) + s_j + t_{ijl}^k + B(1 - X_{ijl}^k) \quad \forall k \in K_i, i \in D \quad （6\text{--}13）$$

$$t_l \geq \max(\mathrm{ET}_j, t_j) + s_j + t_{ijl}^k + B(X_{ijl}^k - 1) \quad \forall k \in K_i, i \in D \quad （6\text{--}14）$$

式（6-1）表示以总成本最低为目标函数；式（6-2）为备选配送中心的中转成本；式（6-3）为配送车辆的运输成本；式（6-4）为驾驶员工资；式（6-5）为配送车辆的制冷成本，其值为运输过程中所产生的制冷成本与卸货过程中所产生的制冷成本之和；约束条件（6-6）表示配送车辆的载重约束；约束条件（6-7）表示节点的流入量与流出量平衡；约束条件（6-8）和约束条件（6-9）表示车辆服务完客户后返回配送中心；约束条件（6-10）表示每位客户仅由一辆车提供一次服务；约束条件（6-11）表示防止配送车辆的配送路径出现子回路；约束条件（6-12）表示客户 j 的硬时间窗约束；约束条件（6-13）和约束条件（6-14）表示配送车辆配送时间的连续性。

第四节　需求不确定与时间依赖的处理

一、客户需求不确定的处理方法

关于客户需求不确定的处理方法通常有随机优化、模糊优化和鲁棒优化三种。本节采用约束鲁棒优化的方法[114,115]，针对客户需求的不确定性［模型中的约束条件（6-6）］，通过控制一个参数（不确定预算）来调节解的鲁棒性。定义客户需求量 $\tilde{q}_j$ 的取值范围为 $[\bar{q}_j - \hat{q}_j, \bar{q}_j + \hat{q}_j]$，其中 $\bar{q}_j$ 为客户需求的平均值，$\hat{q}_j$ 为客户需求的最大绝对偏差值。对于 $\forall i \in D, k \in K_i$，给出不确定预算 Γ_{ik}，引入客户需求不确定性的保护函数 $\beta(X, \Gamma_{ik}) \ \forall k \in K_i, i \in D$，对客户需求的不确定性进行转化。

$$\beta(X, \Gamma_{ik}) = \max_{\{S \cup \{t\}|S \subseteq N, |S| = \lfloor \Gamma_{ik} \rfloor, t \in N \setminus S\}} \{\sum_{j \in S} \hat{q}_j X_{ij}^k + (\Gamma_{ik} - \lfloor \Gamma_{ik} \rfloor) \hat{q}_t X_{it}\} \quad （6-15）$$

所以，由式（6–15）和约束条件（6–6）可以转化为

$$\sum_{j\in N} X_{ij}^{k}\overline{q}_{j} + \beta(X,\Gamma_{ik}) \leqslant Q \quad \forall k \in K_i, i \in D \qquad （6\text{–}16）$$

其中，不确定预算参数Γ_{ik}用于调节解的鲁棒性水平，其取值为区间$[0,N]$的任意数，N表示企业服务的客户的数量。当Γ_{ik}的取值为整数时，表示客户点的需求量取到最大值的个数为Γ_{ik}；当Γ_{ik}的取值为小数时，表示客户点需求量取到最大值的个数为$\lfloor \Gamma_{ik} \rfloor$。一个客户点的需求量的取值为$(\Gamma_{ik} - \lfloor \Gamma_{ik} \rfloor)\hat{q}_{j}$，其余取值为$\overline{q}_{j}$。

引入Z_{j}，此时保护函数变为如下规划问题。

目标函数为

$$\beta(X,\Gamma_{ik}) = \max \sum_{j\in N} \hat{q}_{j} X_{ij}^{k} Z_{j} \quad \forall i \in D, k \in K_i \qquad （6\text{–}17）$$

约束条件为

$$0 \leqslant Z_{j} \leqslant 1 \quad \forall j \in N \qquad （6\text{–}18）$$

$$\sum_{j\in N} Z_{j} \leqslant \Gamma_{ik} \qquad （6\text{–}19）$$

利用对偶定理，可将上述问题转化为对偶问题。

目标函数为

$$\min \alpha_{ik}\Gamma_{ik} + \sum_{j \in N} \gamma_j \qquad （6\text{-}20）$$

约束条件为

$$\alpha_{ik} + \gamma_j \geqslant \hat{q}_j X_{ij}^k \qquad \forall j \in N \qquad （6\text{-}21）$$

$$\alpha_{ik} \geqslant 0 \qquad （6\text{-}22）$$

$$\gamma_j \geqslant 0 \qquad \forall j \in N \qquad （6\text{-}23）$$

此时的约束条件（6-6）可以转化为下面的约束问题：

$$\alpha_{ik} + \gamma_j \geqslant \hat{q}_j X_{ij}^k \qquad \forall i \in D, k \in K_i, j \in N \qquad （6\text{-}24）$$

$$\alpha_{ik} \geqslant 0 \quad i \in D, k \in K_i \qquad （6\text{-}25）$$

$$\gamma_j \geqslant 0 \qquad \forall j \in N \qquad （6\text{-}26）$$

二、时间依赖的处理方法

车辆在路段上的行驶时间取决于车辆离开的时间和这段时间内车辆的行驶速度。整个路段仅考虑早高峰和晚高峰的情况，采用 Ichoua 等[116]提出的计算旅行时间的方法，该方法适用于当车辆跨越两个连续的时间周期的界限时车辆的行驶速度发生变化的情况，保证了路网满足先进先出（First In First Out，FIFO）的准则。将整个配送时间划分为 n 个时间段，即 $[t_0,t_1]$，$[t_1,t_2]$，$\cdots$，$[t_{p-1},t_p]$，$[t_p,t_{p+1}]$，$\cdots$，$[t_{n-1},t_n]$；每个时间段的行驶速度分别为 $v_1,v_2,\cdots,v_p,\cdots,v_n$。由于城市配送属于区域配送，因此仅考虑在同一路段上车辆最多跨越两个时间段的情况。若 $t_j^d \in [t_{p-1},t_p]$（t_j^d 表示车辆离开客户点 j 的时间），且到达客户点 l 的时间 t_l 也属于该区间，则此时 $t_{ijl}^k = \dfrac{d_{jl}}{v_p}$；若 $t_l \in [t_p,t_{p+1}]$，此时 $t_{ijl}^k = T_p - t_j^d + \dfrac{d_{jl}-(T_p-t_j^d)v_p}{v_{p+1}}$，经过整理可以得到配送车辆从客户点 j 到达客户点 l 的行驶时间的计算公式，即

$$t_{ijl}^k = \begin{cases} \dfrac{d_{jl}}{v_p} & t_i^d,t_l \in [T_{p-1},T_p] \\[4mm] T_p - t_j^d + \dfrac{d_{jl}-(T_p-t_j^d)v_p}{v_{p+1}} & t_i^d \in [T_{p-1},T_p],t_l \in [T_p,T_{p+1}] \end{cases} \qquad (6\text{--}27)$$

综合上面的处理方式，需求不确定和时间依赖条件下的鲁棒优化模型可以表示为如下形式。

目标函数为

$$\min z = C_1 + C_2 + C_3 + C_4$$

约束条件为 式（6–6）～式（6–14）和式（6–24）～式（6–27）。

　　由于考虑了客户需求的不确定性，可能存在最优解不满足约束条件的情况，因此引入服务水平（Service Level，SL）的概念，即车辆能够满足客户不确定需求的概率，可以记为

$$\text{SL} = P(\sum_{j \in N} X_{ij}^{k} \tilde{q}_{j} \leqslant Q) \quad \forall k \in K_i, i \in D \qquad （6\text{–}28）$$

根据文献[114]可以将式（6–28）转变为

$$\text{SL} = P(\sum_{j \in N} X_{ij}^{k} \tilde{q}_{j} \leqslant Q) \geqslant 1 - [(1-\mu)C(n,\lfloor v \rfloor) + \sum_{l=\lfloor v \rfloor+1}^{n} C(n,l)]$$

$$（6\text{–}29）$$

其中，

$$C(n,l) = \begin{cases} \dfrac{1}{2^n} & l = 0 \text{或} l = n \\[3mm] \dfrac{1}{\sqrt{2\pi}} \sqrt{\dfrac{n}{(n-l)l}} \exp[n \lg(\dfrac{n}{2(n-l)}) + l \lg(\dfrac{n-l}{l})] \end{cases}$$

$$n = |N|, \ v = (\Gamma_i + n)/2, \ \mu = v - \lfloor v \rfloor$$

　　由式（6–29）可以得出，对给定的 Γ_{ik} 的值，可以计算出最低服

务水平；反之，若给定最低服务水平，也可以倒推计算出Γ_{ik}的值。因此，利用建立的选址－路径鲁棒优化模型，企业的决策者不仅可以控制解的鲁棒性，还可以对车辆服务水平进行控制，进而求出满足服务水平的车辆行驶路线及其选择的配送中心。

第五节　算法设计

本节设计了带精英选择策略的改进的遗传算法对所建立的模型进行求解，具体求解步骤如下。

步骤 1　输入初始数据。设置初始种群取值、算法的最大迭代次数、交叉与变异概率值、动态时间参数和算法开始迭代数 gen=1。

步骤 2　生成初始种群。按照三层编码方式随机生成初始种群。具体的染色体编码方法如下：设有 d 个候选配送中心，n 个客户点。第一层编码为配送中心选择优先度编码，编码长度为 d 的实数编码，取值区间为 $[0,1]$，该编码按升序排序后得到一个排序编码，即候选配送中心的选择优先度编码。

第二层编码为配送中心选择数编码，编码长度为 1，取值区间为 $[1, d+0.999]$，该值向下取整后的数值为所选择的配送中心个数。

第三层编码为客户点的服务优先度编码，编码长度为 N 的实数编码，取值区间为 $[0,1]$，该编码按升序排序后得到一个排序编码，即客户点的服务优先度编码。

为了便于理解，以一个具体的实例进行解释。假设有 4 个候选配送中心，8 个客户点，若 $X=$ [0.5，0.6，0.42，0.7，2.5，0.21，0.02，0.34，0.92，0.7，0.85，0.36，0.59] 为随机生成的一条染色体，则：

第一层编码为 $X_1=$ [0.5，0.6，0.42，0.7]，该编码按升序排序后得到一个排序编码为 [0.42，0.5，0.6，0.7]，其含义是优先选择备选点 3，在选择备选点 1 之后选择备选点 2，最后选择备选点 4。

第二层编码为 $X_2=$ [2.5]，向下取整后得到的值为 2，表示选择 2 个备选配送中心。

由第一层和第二层编码可知所选的配送中心为 3 和 1。

第三层编码为 $X_3=$ [0.21，0.02，0.34，0.92，0.7，0.85，0.36，0.59]，该编码按升序排序后得到一个排序编码 [0.02，0.21，0.34，0.36，0.59，0.7，0.85，0.92]，表示客户点优先配送的次序依次为 2-1-3-7-8-5-6-4。

步骤 3 交叉与变异操作。采用单点变异和两点交叉的方式进行染色体的变异和交叉。

单点变异的具体操作如下。

（1）随机产生一个自然数 l，表示染色体基因发生变异的位置为 l。

（2）用随机变异使父代染色体的第 l 个基因位发生变异，然后生成子代染色体。设父代染色体 $X=[0.5, 0.6, 0.42, 0.7, 2.5, 0.21, 0.02, 0.34, 0.92, 0.7, 0.85, 0.36, 0.59]$，$l=7$，则生成的子代染色体为 $[0.5, 0.6, 0.42, 0.7, 2.5, 0.21, 0.29, 0.34, 0.92, 0.7, 0.85, 0.36, 0.59]$。

两点交叉的具体操作如下。

1）随机选择两条染色体作为父代。

2）生成两个随机的自然数 l_1 和 l_2。

3）交换父代染色体 l_1 和 l_2 之间的基因片段，就生成了两条子代染色体。例如，选择父代染色体 $X=[0.5, 0.6, 0.42, 0.7, 2.5, 0.21, 0.02, 0.34, 0.92, 0.7, 0.85, 0.36, 0.59]$，$Y=[0.23, 0.54, 0.82, 0.74, 2.5, 0.27, 0.62, 0.24, 0.82, 0.75, 0.8, 0.6, 0.79]$，取 $l_1=2$，$l_2=6$，则两点交叉后得到的子代染色体分别为 $X_4=[0.5, 0.54, 0.82, 0.74, 2.5, 0.27, 0.02, 0.34, 0.92, 0.7, 0.85, 0.36, 0.59]$，$Y_1=[0.23, 0.6, 0.42, 0.7, 2.5, 0.21, 0.62, 0.24, 0.82, 0.75, 0.8, 0.6, 0.79]$。

步骤4　解码染色体。根据编码的意义，在获取待选配送中心后，根据载重约束和时间窗约束按照第四章第四节的五中的解码方式解码染色体。

步骤5　选择操作。计算个体的适应度值，$F_i = \dfrac{1}{Z_i + P_i}$。其中，

F_i 为第 i 条染色体的适应度值，Z_i 为第 i 条染色体的目标函数值，P_i 为第 i 条染色体的惩罚值，然后采用精英选择策略和轮盘赌策略相结合的方法对个体进行选择。

步骤 6 终止条件。判断迭代次数是否等于预设迭代次数，如果等于，则算法终止，否则转到步骤 3，直到迭代次数达到指定的预设迭代次数。

步骤 7 输出最好的染色体作为最优解。

第六节　案 例 分 析

一、数据获取与参数设置

使用 MATLAB 编程模拟宁波边长为 100 千米 × 100 千米的矩形区域超市配送网络。假设该区域有 4 个配送中心待出租，35 家待服务的超市（超市为所构建模型中的客户），配送中心拥有若干辆相同车型的车辆容量为 8t 的配送车辆，要求从给定的 4 个待租配送中心中选择 2 个配送中心，使其为 35 家超市提供中转配送服务。待租配送中心及其超市的空间布局如图 6-2 所示，待租配送中心的坐标分别为 $P1$（45，75）、$P2$（65，70）、$P3$（15，28）和 $P4$（39，72）。时间窗都为 5:00—19:00。客户（超市）的坐标、时间窗、服务时间见表 6-3，其他参数取值见表 6-4。

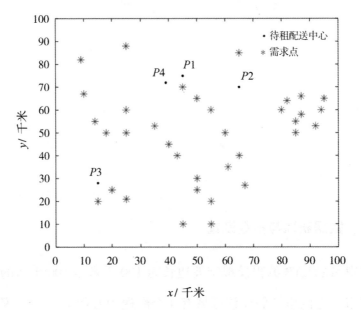

图 6-2 待租配送中心及其超市的空间布局

表 6-2 客户的相关信息

客户	1	2	3	4	5	6
坐标／千米	（35，53）	（20，25）	（18，50）	（61，35）	（43，40）	（55，20）
时间窗	7:00—10:30	5:30—8:30	6:00—9:00	6:10—10:00	6:30—10:20	7:00—11:30
需求量平均值／吨	0.5	1.5	1.5	1.1	2	1.5
服务时间／分钟	10	15	15	20	20	20

续表

客户	7	8	9	10	11	12
坐标 / 千米	（67，27）	（45，10）	（50，25）	（40，45）	（55，60）	（50，65）
时间窗	7:00—10:00	6:40—9:30	6:30—11:40	7:00—12:30	7:00—12:00	7:00—10:30
需求量平均值 / 吨	2	1.2	1	1.3	1	0.5
服务时间 / 分钟	25	15	10	15	10	10
客户	13	14	15	16	17	18
坐标 / 千米	（60，50）	（65，40）	（50，30）	（55，10）	（25，50）	（25，60）
时间窗	7:00—11:00	7:00—12:00	6:20—11:30	6:40—11:30	7:00—12:00	6:00—11:30
需求量平均值 / 吨	1.5	2	2.5	1.5	0.5	2.5
服务时间 / 分钟	15	20	25	15	10	25
客户	19	20	21	22	23	24
坐标 / 千米	（15，20）	（25，21）	（92，53）	（25，88）	（9，82）	（14，55）
时间窗	7:00—11:00	5:30—11:00	7:00—11:00	7:00—12:00	6:20—11:30	6:40—11:30
需求量平均值 / 吨	1.1	1.2	1.3	1	0.5	1.5

续表

服务时间 / 分钟	15	15	10	10	15	20
客户	25	26	27	28	29	30
坐标 / 千米	（82，64）	（10，67）	（85，50）	（45，70）	（94，60）	（85，55）
时间窗	7:00—12:00	8:00—11:30	7:00—9:30	5:50—11:00	7:00—11:00	6:30—11:00
需求量平均值 / 吨	2	2.5	1.5	0.5	2.5	1.1
服务时间 / 分钟	25	25	15	10	25	15
客户	31	32	33	34	35	
坐标 / 千米	（65，85）	（87，58）	（95，65）	（87，66）	（80，60）	
时间窗	6:40—12:00	9:00—11:00	8:40—10:30	8:30—10:30	7:00—9:00	
需求量平均值 / 吨	1.1	1.2	1.3	1	0.5	
服务时间 / 分钟	15	15	15	15	10	

表6-3　模型与算法中的参数取值

参数	参数值	参数	参数值	参数	参数值	参数	参数值
c_1	2元/千米	α_1	60元/小时	种群规模 N	100	交叉概率	0.8
α_2	18元/小时	α_3	20元/小时	变异概率	0.1	最大迭代次数	500
λ	4000元/吨	速度（高峰/平峰）千米/小时	25/50				

二、算法性能测试

利用 MATLAB R2017a 程序包对上面设计的算法进行编程计算，计算机操作系统为 Windows7-x32，Intel Core i7, CPU @ 3.4GHz 和内存为 4GB。当需求扰动为 20%，不确定预算 Γ_{ik} 的取值分别为 0、10、20 和 30 时的目标函数的迭代情况如图 6-3 所示。由图 6-3 可以看出，目标函数值有比较快的收敛速度，均在较短的时间内获得比较满意的最优解，进而验证了模型的可行性和算法的有效性。

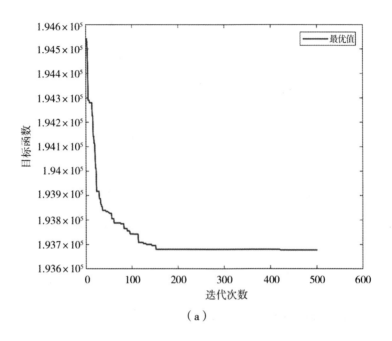

（a）

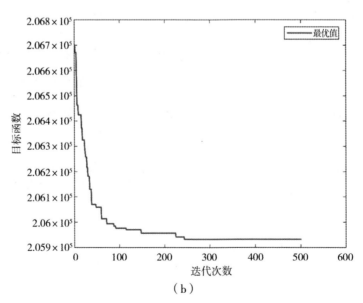

（b）

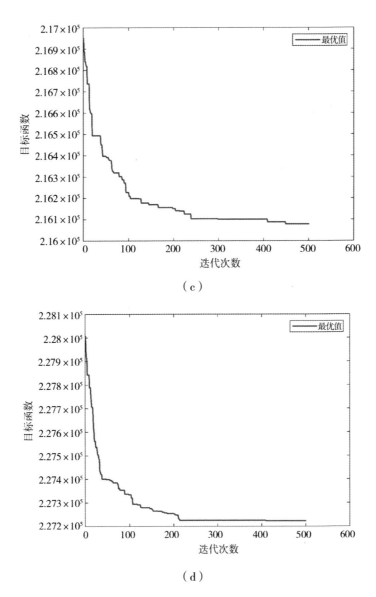

（c）

（d）

（a）$\Gamma_{ik}=0$ ；（b）$\Gamma_{ik}=10$ ；（c）$\Gamma_{ik}=20$ ；（d）$\Gamma_{ik}=30$

图 6-3　不同鲁棒水平下目标函数的迭代情况

三、需求不确定下的结果对比分析

1. 鲁棒水平与总成本之间的关系

为了方便研究，本部分假设客户需求的偏离值为平均值的 20%，即 $\hat{q}_j = \bar{q}_j \times 20\%$，显然，客户需求量越大，偏离值也越大。利用设计的算法可以求出不确定预算下的总成本和最低服务水平（见表 6-4）。可以看出，当 $\Gamma_{ik} = 0$ 时，此时所有客户的需求量取值为平均值，企业的选址 – 路径总成本最低，为 193 677.18 元，需要的配送车辆为 6 辆；当 $\Gamma_{ik} = 35$ 时，即所有客户的需求量都用客户需求量的最大值来代替，此时企业的选址 – 路径总成本最大，为 233 255.11 元，需要的配送车辆为 8 辆。无论不确定预算 Γ_{ik} 取何值，最优选址点都为 $P2$ 和 $P3$。综上可以得出，随着系统鲁棒性的增强，系统的总成本不断增加（见图 6-4），配送车辆数也会增加。反之亦然。系统的鲁棒性与总成本之间的关系如下：鲁棒性越强，系统成本越高；鲁棒性越弱，系统成本越低。

表 6-4　不确定预算下的总成本和最低服务水平

不确定预算 Γ_{ik} 的值	0	2	4	6	8
总成本 / 元	193 677.18	196 612.59	198 119.35	199 740.18	202 175.33
最低服务水平 /%	42.976 1	56.276 9	68.878 1	79.590 1	87.752 8
不确定预算 Γ_{ik} 的值	10	12	14	16	18
总成本 / 元	205 932.75	206 986.16	209 092.16	211 060.02	213 035.17
最低服务水平 /%	93.319 5	96.709 0	98.545 7	98.888 5	99.801 2
不确定预算 Γ_{ik} 的值	20	22	24	26	28
总成本 / 元	216 078.43	217 574.06	220 002.13	221 774.65	223 974.64
最低服务水平 /%	99.939 6	99.984 2	99.996 5	99.999 3	99.999 9
不确定预算 Γ_{ik} 的值	30	32	34	35	
总成本 / 元	227 178.61	229 598.46	231 787.66	233 255.11	
最低服务水平 /%	99.999 9	99.999 9	99.999 9	100.000 0	

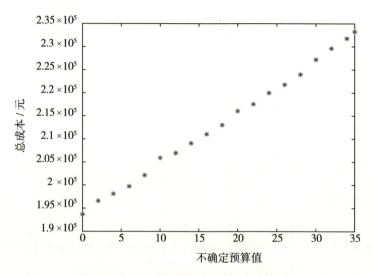

图6-4　不确定预算与总成本之间的关系

2.企业的配送服务水平与配送成本之间的关系

假设客户需求的偏离值为平均值的20%，由式（6-30）可以计算出，在不确定预算取值时，企业的最低配送服务水平及其配送总成本见表6-4。当完全不考虑客户需求的不确定性时，企业总的配送成本为193 677.18元，最低服务水平为42.976 1%，当考虑客户的需求全都发生偏离时，企业的配送总成本为233 255.11元，服务水平为100%。可以看出，企业的服务水平提高了57.023 9%，配送总成本增加了39 577.93元，增加比例（和确定性需求时的总成本相比）达20.4%。从表面上看，企业配送总成本增加的量不是很大，这主要是因为以企业的一次配送为研究对象，而在一年当中企业这样的配送会有很多次，届时成本的增加对企业的利润将会有显著的影响。

　　由表 6-4 和图 6-5 可知，当 Γ_{ik} =12 时，企业的最低服务水平已经达到 96.7090%，此时的成本较确定性需求增加值为 13 308.98 元，增加比例（与确定性需求相比）为 6.87%，此时服务水平提高了 53.732 9%。当服务水平较低时，总配送成本和服务水平关系曲线较为平缓，企业可以通过调整不确定预算 Γ_{ik} 来提高服务水平；当服务水平达到 98% 以上（即当 $\Gamma_{ik}>12$）时，总配送成本和服务水平关系曲线越来越陡，企业很难通过调整不确定预算 Γ_{ik} 的值来提高服务水平。所以，企业的决策者可以根据自己的目标来确定最终的配送方案。

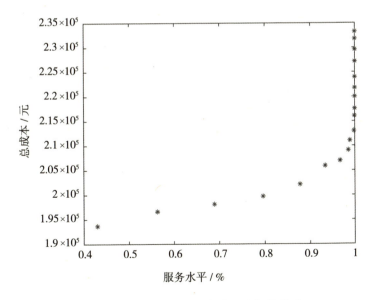

图 6-5　配送总成本与服务水平之间的关系

四、考虑交通拥堵系数的结果对比分析

将配送时间划分为若干段，设定在高峰时段的配送速度为 25 千米／小时，然而由于道路的拥堵程度不同，配送速度也会发生相应的波动，在高峰时段引入拥堵系数，此时配送车辆的速度 = 高峰时段的速度／拥堵系数。当不确定预算分别为 0、18、35 时，不同拥堵系数对配送总成本的影响见表 6-5。可以得出，无论不确定预算取何值，随着拥堵系数的增加，配送总成本和车辆行驶总时间都是逐渐增加的。当拥堵系数为 0.5 时，车辆在各个时段的配送速度都是一样的，不存在拥堵。当拥堵系数分别为 0.8 和 1.1 时，车辆在高峰时段和其他时段之间的速度有差异。当 $\Gamma_{ik} = 18$ 和 $\Gamma_{ik} = 35$ 时，若车辆存在拥堵，拥堵系数的大小对配送总成本和车辆行驶时间的影响不大，这主要是尽量避免在拥堵时段进行配送。$\Gamma_{ik} = 0$ 时，随着拥堵系数的增加，配送总成本和车辆行驶总时间的增加值逐渐增大，但差异性不是很明显，这主要是因为客户需求确定时，配送量小，所用车辆少，所以道路的拥挤程度对其影响也小。

表 6-5　在不确定预算下，不同拥堵系数对配送总成本的影响

不确定预算	拥堵系数	最优总成本／元	车辆行驶总时间／分钟
$\Gamma_{ik} = 0$	0.5	193 486.16	1 474.8
	0.8	193 554.25	1 524.6
	1.1	193 759.10	1 681.8

续表

不确定预算	拥堵系数	最优总成本 / 元	车辆行驶总时间 / 分钟
$\Gamma_{ik}=18$	0.5	212 925.40	1 545.6
	0.8	213 135.99	1 702.8
	1.1	213 180.54	1 737.6
$\Gamma_{ik}=35$	0.5	232 901.68	1 518.6
	0.8	233 192.75	1 738.8
	1.1	223 277.65	1 804.8

第七节　小　　结

　　本章结合实际配送情况，建立了不确定需求时间依赖的带硬时间窗选址－路径鲁棒优化模型。首先，针对客户需求不确定，利用有界的对称区间来表示其取值范围，为了规避参数的扰动，引入不确定预算来进行控制。同时利用强对偶定理，将非线性的鲁棒优化模型转化为线性的规划模型。其次，针对配送路网的实际情况将整个配送时间划分为不同的时间段，车辆在不同时间段内的行驶速度不同。通过对模型的特点进行分析，本章设计了带精英选择策略的改进遗传算法，并对所建立的模型进行求解。最后，通过随机生成的案例，对本章所建立的模型的有效性和所设计的算法的可行性进行了验证。结果表明，目标函数迭代曲线收敛性好，这说明算法性能较好。另外，本章给出了不确定预算与配送总成本之间的关系、配送总成本与企业服务水平之间的关系，同时分析了在给定的鲁棒水平下不同的拥堵系数对企业配送总成本和车辆行驶总时间的影响。

第七章

城市冷链物流两级配送选址-路径优化研究

第一节 概　　述

建立高效的城市物流系统来提高货运效率，并减少城市货运对城市生活的影响，这项工作具有极大的挑战性[117]。Woodburn[118]指出，城市商品分配对城市的可持续发展具有重要影响。为了达到更高的效率水平，有必要找到新的货运管理解决方案。因此，许多学者[119~123]研究了城市物流模型和一些城市货运政策。Allen 等[124]研究表明，使用城市整合中心可以为城市地区提供更有效的分配，并且可以减少能源使用和对环境的影响。城市整合中心可以被描述为一个物流设施，位于它所服务的地理区域相对较近的位置。城市整合中心包括公共物流站、城市转运中心、货运平台、合作交付系统、城市配送中心、整合中心（有时是特定的，如零售、建筑）、接送地点、异地物流支持等[125]。Lagorio 等[126]认为，城市整合中心是最常用的设施研究的城市物流规划之一，实施城市货物合并最有效、最典型的方法之一是采用多阶段配送系统，尤其是两阶段配送系统，通过从称为转运站的中间仓库合并货物来管理从分配中心到客户的配送[127]。因此，中转站位置的选择和两阶段配送路径的规划是城市物流系统优化的关键问题。

本章以城市冷链物流为研究对象，建立了带容量约束城市冷链物流两级配送选址 – 路径模型，该模型以总成本最低为目标函数。根据模型的特点，在算法设计中考虑了两阶段路径之间的耦合与协同优化，并采用整体化的思路设计了混合遗传算法进行求解。本章还通过具体案例说明了两级配送选址 – 路径的优越性。

第二节　问题描述与模型假设

一、问题描述

所研究的冷链物流配送问题可以表述为：由一个冷链物流配送中心，若干个潜在的冷链物流中转站和多个客户点构成的冷链物流配送系统。企业需要在指定的时间窗内通过中转点对多个客户进行送货。在这个配送系统中，配送中心、中转点及配送中心与中转点之间的路径构成第一阶段的城市冷链物流网络；中转点、客户点及中转点与客户点之间的路径构成第二阶段的城市冷链物流网络，如图 7–1 所示。其目标是在总成本最低的条件下，确定中转点的位置和两阶段配送路径。

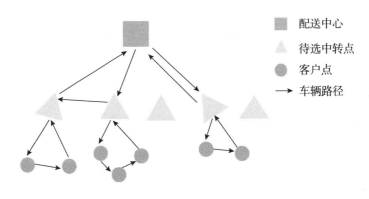

图 7-1　两阶段配送选址 – 路径图

二、模型假设

为了方便问题的研究，做如下假设：

1）配送中心和待选中转点的地理位置已知。

2）客户的位置和需求量是已知的，且客户的需求量是不能拆分的。

3）车辆在配送过程中不考虑交通拥堵等一些不确定因素。

4）无论是配送中心还是中转点，都要求冷藏车的货物装载量不超过其额定载重量。

5）中转点单位产品的中转成本已知且为常数，不考虑中转操作中温度变化和第一阶段货物的货损。

6）中转点彼此之间相互竞争，企业可以根据成本最小化的原则选择不同的中转点为自己提供服务。

7）配送中心冷藏运输车辆的车型是已知的（第一级路径），中转点的需求量可以大于运输车辆的容量，即第一级配送路径中转点的需求量是可拆分的，冷藏车完成配送任务后返回出发点。

8）中转点冷藏运输车辆的类型是已知的（第二级路径），单个客户的需求量不超过冷藏车的容量，且运输路线上客户的总需求量不超过冷藏车的车容量，即第二级配送路径客户的需求是不可拆分的，每辆车完成任务后返回出发点。

9）配送中心和中转点拥有的冷藏车的车型不同，但同一层级的冷藏车的车型相同。两层级运输车辆的行驶速度不一致，且每个层级都拥有足够多的冷藏车为整个系统提供服务。

三、符号与参数设置

根据构建模型的需要，所用的符号与参数如表 7-1 所示。

表 7-1　符号与参数

符号与参数	含义
M	候选中转点和配送中心的集合
M_1	候选中转点的集合

续表

符号与参数	含义
N_g	中转点 g 及其服务的客户的集合
K	配送中心拥有冷藏车的集合
L_g	中转点 g 拥有的冷藏车集合
d_{ij}	客户 i 与客户 j 之间的距离
v_1	第一级路径冷藏车的平均行驶速度
v_2	第二级路径冷藏车的平均行驶速度
s_i^l	车辆 l 为第 i 个客户（或中转点）提供服务的时间
c_1	第一级路径车辆每千米使用及其消耗的成本
c_2	第二级路径车辆每千米使用及其消耗的成本
$c_1^{'}$	第一级路径驾驶员单位时间成本
$c_2^{'}$	第二级路径驾驶员单位时间成本
u_j^k	冷藏车 k 到中转点或客户点 j 时车内剩余的货运量
b_j^k	冷藏车 k 离开中转点或客户点 j 时车内剩余的货运量
P_1	单位货物的价格
θ_1	运输过程中货物的腐损率
θ_2	卸货过程中货物的腐损率

续表

符号与参数	含义
W_1	制冷机在运输过程中运行产生的燃油消耗量（单位为克／小时·吨）
W_2	制冷机在卸货过程中运行产生的燃油消耗量（单位为克／小时·吨）
θ_3	单位质量的燃油价格
t_i^l	冷藏车 l 到达客户点 i 的时间
t_{ij}^l	冷藏车 l 在客户点 i 与客户点 j 之间所需的行驶时间
t_{0g}^l	冷藏车 l 从中转点 g 出发的时间
λ_1	单位时间的中转成本
W_g	中转点 g 中转的货物总量
v_3	中转点的卸货速度
q_i	中转点 i 的需求量
$q_i^{'}$	客户点 i 的需求量
Q_1	第一级路径配送车辆的车容量
Q_2	第二级路径配送车辆的车容量
X_{ij}^k	0-1 变量，当车辆 k 在中转点（或配送中心）i 和中转点（或配送中心）j 之间行驶时，$x_{ij}^k=1$；否则，$x_{ij}^k=0$
x_j^k	0-1 变量，当车辆 k 为客户 i 提供服务时，$x_j^k=1$；否则，$x_j^k=0$

续表

符号与参数	含义
x_{ijg}^{l}	0-1变量，当中转点 g 的车辆 l 在客户点（或中转点）i 和客户点（或中转点）j 之间行驶时，$x_{ijg}^{l}=1$；否则，$X_{ijg}^{l}=0$
Z_{g}	0-1变量，当中转点 g 被使用时，$Z_{g}=1$；否则，$Z_{g}=0$
y_{ig}^{l}	0-1变量，当中转点 g 的车辆 l 为客户点 i 提供服务时，$y_{ig}^{l}=1$；否则，$y_{ig}^{l}=0$
C_{1}	第一级路径的运输成本
$C_{1}^{'}$	第二级路径的运输成本
$C_{2}^{'}$	第二级路径的货损成本
C_{3}	第一路径的制冷成本
$C_{3}^{'}$	第二级路径的制冷成本
u_{j}^{l}	冷藏车 l 到达客户点（或中转点）j 时车内剩余的货运量
b_{j}^{l}	冷藏车 l 离开客户点（或中转点）j 时车内剩余的货运量
s_{j}^{l}	冷藏车辆 l 为第 j 个客户（或中转点）提供的服务时间
s_{j}^{k}	冷藏车辆 k 为第 j 个客户（或中转点）提供的服务时间

第三节　模型建立

建立城市冷链两级配送选址－路径模型，该模型以总的配送成本最低为目标函数。

一、目标函数分析

1. 运输成本

运输成本主要包括车辆使用成本，以及在运输过程中产生的燃料、驾驶员工资和维修保养等费用。将运输成本分为两个部分：一部分是冷藏车使用成本及其消耗成本，另一部分是驾驶员的工资。第一级路径与第二级路径的运输成本分别为

$$C_1 = c_1 \sum_{k \in K} \sum_{i,j \in M} X_{ij}^k d_{ij} + c_1' \sum_{k \in K} \sum_{i,j \in M} (X_{ij}^k \frac{d_{ij}}{v_1} + s_j^k) \qquad (7\text{-}1)$$

$$C_1' = c_2 \sum_{g \in M_1} \sum_{l \in L_g} \sum_{i,j \in N_g} Z_g d_{ij} x_{ijg}^l + c_2' \sum_{g \in M_1} \sum_{l \in L_g} \sum_{i,j \in N_g} Z_g (\frac{d_{ij}}{v_2} x_{ijg}^l + s_j^l) \qquad （7-2）$$

2. 货损成本

冷链配送与常温配送最大的区别就在于冷链配送的食品容易变质，其质量会随着时间的增加与温度的改变而下降，当产品的质量下降到一定程度时，将其定义为货损成本。计算易腐食品货损率[128]应把货损成本分成两个部分：一部分是车辆在运输过程中，货物随时间的积累而造成的货损；另一部分是车辆在为客户提供服务时，由于车门开启所引起的产品损耗。为了研究问题的方便，本文仅考虑第二级配送路径的货损成本，具体可表示为

$$C_2' = P_1 \sum_{g \in M_1} \sum_{l \in L_g} \sum_{j \in N_g} Z_g y_{jg}^l (1 - e^{-\theta_1 (t_{ij}^l - t_{0g}^l)}) u_j^l + P_1 \sum_{g \in M_1} \sum_{l \in L_g} \sum_{j \in N_g} Z_g y_{jg}^l (1 - e^{-\theta_2 s_j^l}) b_j^l$$

$$（7-3）$$

3. 能耗成本/制冷成本

冷藏车为维持车厢内的温度与湿度所产生的成本为制冷成本。目前，液氮制冷、机械制冷等是市场上冷藏车的主要制冷方式。若考虑冷藏车的制冷方式为机械制冷，且在制冷过程中所产生的成本

与燃油消耗、时间、货物的质量相关。刘广海等[91]通过能耗等方面的仿真实验，得出在稳定环境下制冷的耗油效率波动在某个常数范围内，通常可用常数代替。燃油消耗量的计算公式为[92]

$$W = \omega \frac{\varepsilon P_e}{\xi} \times 10^{-3}$$

制冷成本包括冷藏车辆在配送过程中为了维持低温环境所消耗的能耗成本和在卸货过程中所消耗的能耗成本。第一级路径和第二级路径的制冷成本分别为

$$C_3 = \theta_3 W_1 \sum_{k \in K} \sum_{i,j \in M} \frac{d_{ij} x_{ij}^k u_j^k}{v_1} + \theta_3 W_2 \sum_{k \in K} \sum_{j \in M} x_j^k b_j^k s_j^k \qquad (7\text{–}4)$$

$$C_3^{'} = \theta_3 W_1 \sum_{g \in M_1} \sum_{l \in L_g} \sum_{i,j \in N_g} Z_g \frac{d_{ij} x_{ijg}^l u_j^l}{v_2} + \theta_3 W_2 \sum_{g \in M_1} \sum_{l \in L_g} \sum_{j \in N_g} Z_g s_j^l b_j^l \qquad (7\text{–}5)$$

其中，W 为燃油消耗量（单位为克/小时），ω 为制冷机功率利用系数，ε 为燃油消耗率（单位为克/千瓦·时），P_e 为制冷机有效功率（单位为千瓦），ξ 为燃油比重，W_1 为运输过程中的燃油消耗，W_2 为卸货过程中的燃油消耗。

4. 惩罚成本

由于车辆在配送过程中存在很多不确定的因素，如配送中心的调度失误、行驶过程中路网出现拥堵等，因此货物可能无法按照客户预先约定的时间送达，这时就要承担相应的惩罚成本。因此，需要引入时间窗的概念。由于第一级配送时间比较灵活，因此仅考虑第二级配送客户的时间窗要求。采用硬时间窗计算惩罚成本。假设 ET_i 为客户 i 允许的最早服务时间，LT_i 为客户 i 允许的最晚服务时间，即 $[ET_i, LT_i]$ 为客户 i 要求的服务时间窗，所以硬时间窗的惩罚成本方程可以表示为[129]

$$C_4 = P(t) = \begin{cases} G & t < ET_i \\ 0 & ET_i \leqslant t \leqslant LT_i \\ G & t > LT_i \end{cases} \qquad （7-6）$$

其中，G 表示无穷大的数；t 表示配送车辆到达客户点的时间；$[ET_i, LT_i]$ 表示客户 i 要求服务的时间窗。

5. 中转成本

由于冷链品为易腐品，对时间的要求较高，大型冷藏车的制冷成本、能耗成本及其司机成本相比小型冷藏车来说更高，且目前城市道路实行限行政策，因此设置中转点将配送任务分为两阶段完成

更符合实际。中转点处的成本主要是货物由大型冷藏车配送到小型冷藏车的过程中所产生的时间成本。所以，中转成本可表示为

$$C_5 = \lambda_1 \sum_{g \in M_1} Z_g \frac{W_g}{v_3} \qquad （7\text{-}7）$$

二、模型建立

上面分析了各种子成本，现建立带硬时间窗的两级配送选址 – 路径模型。

目标函数为

$$\min z_1 = C_1 + C_1' + C_2' + C_3 + C_3' + C_4 + C_5 \qquad （7\text{-}8）$$

约束条件为

$$\sum_{i \in M_1} X_i^k q_i \leqslant Q_1 \quad k \in K \qquad （7\text{-}9）$$

$$\sum_{i \in N_g} q_i' y_{ig}^l \leqslant Q_2 \quad g \in M_1, l \in L_g \qquad （7\text{-}10）$$

$$\sum_{j \in M} X_{ij}^k = X_i^k \quad i \in M; k \in K \qquad （7\text{-}11）$$

229

$$\sum_{i \in M} X_{ij}^k = X_j^k \quad j \in M; k \in K \qquad (7\text{--}12)$$

$$\sum_{i \in N_g} \sum_{g \in M_1} x_{ijg}^l = y_{jg}^l \quad j \in N_g, l \in L_g \qquad (7\text{--}13)$$

$$\sum_{j \in N_g} \sum_{g \in M_1} x_{ijg}^l = y_{ig}^l \quad i \in N_g, l \in L_g \qquad (7\text{--}14)$$

$$\sum_{g \in M_1} \sum_{l \in L_g} y_{jg}^l = 1 \quad j \in N_g \qquad (7\text{--}15)$$

$$\sum_{j \in N_g} x_{ijg}^l = \sum_{j \in N_g} x_{jig}^l \leqslant 1 \quad i = g \in M_1; l \in L_g \qquad (7\text{--}16)$$

$$\sum_{j \in M_1} X_{ij}^k = \sum_{j \in M_1} x_{ji}^k \leqslant 1 \quad i = 0; k \in K \qquad (7\text{--}17)$$

$$\sum_{i \in N_g} q_i' y_{ig} \leqslant Z_g q_g \quad g \in M_1 \qquad (7\text{--}18)$$

$$\text{ET}_i \leqslant t_i^l \leqslant \text{LT}_i \qquad (7\text{--}19)$$

其中，式（7-8）表示模型的目标函数，约束条件（7-9）表示第一级路径配送车辆的载货量不超过最大车容量，约束条件（7-10）表示第二级路径配送车辆的载货量不超过最大车容量，约束条件（7-11）和约束条件（7-12）分别表示第一级配送的流量平衡，约束条件（7-13）和约束条件（7-14）分别表示第二级配送的流量平衡，约束条件（7–15）表示从中转点出发的冷藏车只能为一个客户提供服务，约束条件（7–16）表示从中转点出发的冷藏车服务完客户后必须返回原中转点，约束条件（7–17）表示从配送中心出发的冷藏车服务完中转点后返回原配送中心，约束条件（7–18）表示中转点服务的客户总需求量要小于中转点的容量，约束条件（7–19）表示第 i 个客户的时间窗约束。

第四节　算 法 设 计

两级配送选址－路径问题属于 NP–Hard 难题，因此可以利用启发式算法对模型进行求解。设计遗传算法与距离聚类相结合的混合式遗传算法。混合遗传算法的流程图如图 7–2 所示。

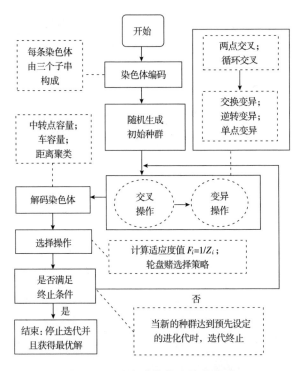

图 7–2　混合遗传算法的流程图

一、染色体编码

每条染色体由三个子串构成：子串 1 的编码长度为 J，基因为 1-J 的不重复整数排序，表示待选中转点的最优选址序列和配送顺序。子串 2 的编码长度为 I 长度，基因为 1-I 的不重复整数排序，表示客户点的配送顺序。子串 3 的编码长度为整数 1，表示被选中的中转点的个数。例如，设 $J = 5$，$I = 6$，即有 5 个中转点和 6 个客户，染色体编码如图 7-3 所示。由此可知，中转点选择的优先级为 5、4、2、1、3，需求点的配送路径为 2-3-4-1-5-6，2 表示选择第一层编码的 1-2 位编码设立中转点，同时第一层编码的 5 和 4 也表示中转点的被配送顺序为从配送中心出发先访问 5，再访问 4，最后返回配送中心。

$$\underbrace{5\text{-}4\text{-}2\text{-}1\text{-}3}_{\text{子串1}}\;|\;\underbrace{2\text{-}3\text{-}4\text{-}1\text{-}5\text{-}6}_{\text{子串2}}\;|\;\underbrace{2}_{\text{子串3}}$$

图 7-3　染色体编码

二、随机生成初始种群

遗传算法关于问题的解是从初始种群开始的，因此必须生成初始种群作为解的起点。按照上述编码方法随机生成 N 条染色体。

233

三、交叉操作

交叉操作就是选中两条父代染色体，按照某种方法对选中的父代染色体中的部分结构进行交换，进而形成两条子代染色体的过程。子串 1 执行两点交叉，子串 2 执行循环交叉，子串 3 执行两点交叉，具体操作步骤如下。

1. 子串1的交叉操作

两点交叉的基本步骤如下。

1）随机为父代选择两条染色体，同时生成两个随机的自然数 r_1 和 r_2。

2）把选中的父代染色体 r_1 和 r_2 之间的基因片段进行交换，得到两条新的染色体，即子代染色体。

3）为了防止染色体发生冲突，需要对新生成的两条子代染色体进行修订。例如，选择的两条父代染色体分别为 [2，3，1，5，4] 和 [1，2，3，5，4]，两个随机数为 $r_1 = 2, r_2 = 4$，则交叉后得到的两条子代染色体分别为 [2，2，3，5，4] 和 [1，3，1，5，4]，可以看出两条子代染色体存在相同的自然数，需要对染色体进行修补，按照取交叉片段的补集重新随机排列到非交叉片段的原则，对染色体进行修补。所以，最终得到 [1，2，3，5，4] 和 [2，3，1，5，4] 两条新的染色体。

2.子串2的交叉操作

循环交叉的基本步骤如下。

1）从父代染色体中找到一个循环的基因位。

2）按照将其中一条父代染色体中循环的基因复制到子代，并删去另一条父代染色体中已在循环上的基因的原则，初步形成子代染色体。

3）用父代循环基因以外的基因确定剩余基因上的位置，并形成新的子代。示例如下。

第一，在父代染色体1［2，7，5，6，4，8，9，1，3］和父代染色体2［4，3，6，8，9，7，1，2，5］中找到循环1［2，4，9，1，2］与循环2［4，2，1，9，4］。

第二，形成子代染色体1［4，*，*，*，9，*，1，2，*］和子代染色体2［2，*，*，*，4，*，9，1，*］。

第三，找出父代染色体1剩余的染色体［*，7，5，6，*，8，*，*，3］和父代染色体2剩余的染色体［*，3，6，8，*，7，*，*］，生成子代染色体1［2，3，6，8，4，7，9，1，5］和子代染色体2［4，7，5，6，9，8，1，2，3］。

3.子串3的交叉操作

两点交叉：从父代染色体中随机选择两条，直接通过交换父代染色体的方式，即可生成两条子代染色体。例如，选择的两条父代染色体为 1 和 4，染色体交叉后得到子代染色体为 4 和 1。

四、变异操作

变异操作主要用来提高算法中种群的多样性和避免局部收敛。在子串 1 执行逆转变异，利用插入变异对子串 2 进行变异操作，利用单点变异对子串 3 进行变异操作。

1. 子串1的变异操作

逆转变异：首先，选择一条父代染色体；然后，随机选取两个点，把它们作为逆转点的位置；最后，按照把所选的两个逆转点位置内的子串反序插入原位置中的原则，即可得到子代染色体。例如，在父代染色体 [4，3，1，5|，7，2，6，9|，8] 中选取两个逆转点位置作为第四位和第八位，则经逆转后得到的子代染色体为 [4，3，1，9|，6，2，7，5|，8]。

2. 子串2的变异操作

插入变异：首先，选中一条父代染色体；然后，在该染色体重新随机选取两个点作为位置点，按照在第二个位置点前把第一个位置点的数插入的原则，可以获得新的染色体作为子代染色体。例如，

在父代染色体 [1，4，|3，5，7，6|，2，9，8] 中选取的第一位置点为第二位，第二位置点为第六位，则插入变异后得到的子代染色体为 [1，3，5，7，4，6，2，9，8]。

3. 子串3的变异操作

单点变异：直接通过给定的随机变量实现对父代染色体中的基因的变异。例如，父代染色体是3，经过单点变异后子代染色体变为2。

五、解码染色体

对染色体进行解码，确定中转点的优先度、中转点的个数、各个需求点的配送次序，并根据距离就近原则对需求点进行聚类，以及根据中转点的容量依次将各个需求点分配给待选中转点，同时根据车辆容量的限制划分路径并为各个中转点指派车辆，使其覆盖分配给中转点的所有需求点。

六、计算个体适应度值和选择操作

个体适应度值的计算公式为 $F_i = 1/Z_i$，其中 F_i 表示第 i 个个体的适应度值，Z_i 表示第 i 个个体的目标函数值。采用轮盘赌的方法对个体进行选择，具体的操作步骤见第四章第四节。

七、算法终止条件

若 gen＞max(gen)，则输出最优解，算法结束。否则令 gen＝gen+1，并转为交叉操作。

第五节　案　例　分　析

在这部分，我们用一个随机生成的案例验证模型和算法的有效性。算法用 MATLAB–2017a 包执行，数值实验用 Windows 7–x32 操作系统、Intel Core i7 CPU @ 3.4 GHZ 和 4 GB 内存的计算机运行。

一、数据与参数取值

测试数据采用随机生成的方式获取，其中客户的需求量在区间 ［0，3］随机产生，客户坐标 x、y 在区间［0，100］随机产生，服务时间设定为 10 分钟，配送中心与中转点数据根据实际意义进行设定。详细数据信息如表 7–2 和表 7–3 所示，其中配送中心用 DC 表示，中转站用 Pi 表示（i=1，2，3，4，5），客户点用自然数 1，2，3，…，30 表示。模型中的参数取值如下：Q_1 = 25 吨；Q_2 = 8 吨；c_1 = 2 元 / 千米；c_2 = 1.5 元 / 千米；c_1' = 100 元 / 小时；c_2' = 60 元 / 小时；当 Q_1 = 25 吨时，W_1 = 1.2 千克 / 小时、W_2 = 2.2 千克 / 小时；当 Q_2 = 8 吨时，$W_1 = 0.8$ 千克 / 小时、$W_2 = 1.8$ 千克 / 小时；$P_1 = 4\,000$ 元 / 吨；$v_2 = 40$ 千米 / 小时；$\theta_1 = 0.000\,3$；$\theta_2 = 0.000\,2$；$\theta_3 = 9.3$ 元 / 千克；$\lambda_1 = 50$ 元；$v_3 = 40$ 吨 / 小时。算法中的参数取值如下：初始种群 $N = 100$；gen=1；最大迭代次数 max（gen）为 500 次；$P_c = 0.8$ 为交叉概率取值；$P_m = 0.1$ 为变异概率取值。

表 7-2　配送中心和中转站数据

编号	x/千米	y/千米	容量/吨	编号	x/千米	y/千米	容量/吨
配送中心	100	105	100	中转站 3	23	25	25
中转站 1	19	80	15	中转站 4	50	60	15
中转站 2	74	57	20	中转站 5	55	45	20

表 7-3　客户需求点信息

序号	x/千米	y/千米	需求量/吨	时间窗	序号	x/千米	y/千米	需求量/吨	时间窗
1	25	85	1.75	5:30—11:00	2	22	75	1.75	7:00—10:30
3	30	90	2.25	5:30—8:30	4	25	80	0.5	6:00—9:00
5	20	85	0.75	6:10—10:00	6	18	75	2	6:30—10:20
7	15	75	1.75	7:00—11:30	8	15	80	2.25	7:00—10:00
9	10	35	1.25	6:40-9:30	10	10	40	1	6:30—11:40
11	8	40	2	7:00—12:30	12	8	45	0.75	7:00—12:00

续表

序号	x/千米	y/千米	需求量/吨	时间窗	序号	x/千米	y/千米	需求量/吨	时间窗
13	5	35	0.75	7:00—10:30	14	5	45	1.25	7:00—11:00
15	2	40	1.25	7:00—12:00	16	0	40	2.25	6:20—11:30
17	0	45	1	6:40—11:30	18	44	5	1	7:00—12:00
19	42	10	0.25	6:00—11:00	20	42	15	2.25	7:00—11:00
21	40	5	1.5	5:30—11:00	22	40	15	2.25	7:00—10:30
23	38	5	0.5	5:30-8:30	24	38	15	2.25	6:00—9:00
25	35	5	2	6:10—10:00	26	95	30	2.25	6:30—10:20
27	95	35	1.5	7:00—11:30	28	90	35	2	6:40—9:30
29	88	30	1	6:30—11:40	30	88	35	1	7:00—12:30

二、案例结果分析

采用 MATLAB 编程实现上述算法，对测试算例进行 30 次求解，计算时间均在 30 秒内，计算效率较高。计算结果较为稳定，均选择在中转站 1、中转站 2、中转站 3 进行中转，总路径条数均为 9 条，

30 次求解的目标函数的平均值为 8 045.5 元，其中，8 193 元为最差解对应的目标函数值，该值与平均值的偏差为 1.8%；7 969 元为最优解对应的目标函数值，该值与平均值的偏差为 0.9%。最优解的一级路径为 2 条，即 DC–$P1$–$P2$–DC、DC–$P3$–DC；最优解对应的二级路径为 7 条，即 $P1$–8–7–6–2–$P1$、$P1$–5–1–3–4–$P1$、$P2$–28–27–26–29–30–$P2$、$P3$–24–21–23–25–$P3$、$P3$–22–20–19–18–$P3$、$P3$–11–14–12–10–$P3$、$P3$–9–15–16–17–13–$P3$。经检验最优解全部满足硬时间窗要求，算例目标函数值的收敛情况如图 7-4 所示。

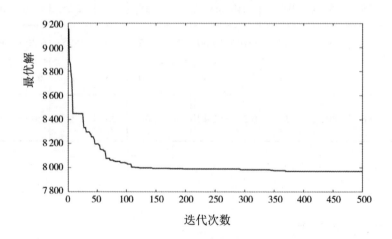

图 7-4　算法收敛曲线

1. 不同目标下两级配送选址–路径结果对比分析

利用所设计的算法分别求以最低总成本和最短行驶距离为目标

函数，用 MATLAB 编程进行求解并对其运行 30 次得到最优各级配送路径数及其成本情况如表 7-3 所示。路径安排如图 7-5 和图 7-6 所示。当以最短距离为目标函数时（见图 7-6），得到最优解为第一级路径 2 条：DC-$P3$-DC、DC-$P1$-$P2$-DC，第二级路径 7 条：$P1$-8-7-6-$P1$、$P1$-5-1-3-4-2-$P1$、$P2$-28-27-26-29-30-$P2$、$P3$-24-22-20-$P3$、$P3$-25-23-21-18-19-$P3$、$P3$-9-11-13-$P3$、$P3$-10-14-12-17-16-15-$P3$。

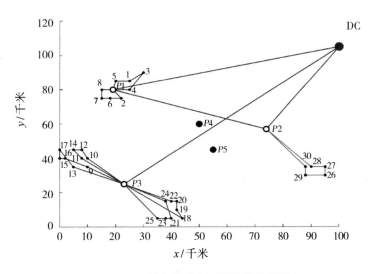

图 7-5　最小总成本两级选址路径图

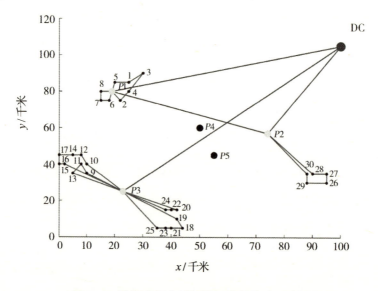

图 7-6　最短路径为目标的两阶段选址 – 路径图

　　不同目标函数对中转成本、路径总条数、第一级路径各项成本没有影响，即中转成本均为 2 212.5 元、路径总条数均为 9 条、一级路径中各项成本值、配送距离和旅行时间均无改变，而第二级路径中各项成本值、配送距离和旅行时间、路径安排均有明显变化。其中，目标函数以距离最短的要比以成本最小的在距离上节约 17.95 千米，在时间上节约 26.9 分钟，但在成本上需要多支付 131.25 元。因此，在实际配送过程中，不同的运输参与者可以选择不同的路径方案，以实现各自利益的最大化。

2. 两阶段选址–路径与单阶段车辆路径对比分析

通过比较表 7–4 和表 7–5 可以看出，对于单级车辆配送来说，当配送车辆车容量是 25 吨时车辆路径成本是 8 001.18 元，当配送车辆车容量是 8 吨时车辆路径成本是 8 685.68 元，而两级配送选址 – 路径中配送车辆路径成本是 5 757.35 元，中转成本为 2 212.5 元，总成本是 7 969.85 元。所以，单级车辆配送尽管可以降低中转成本，但是会增加配送车辆的路径成本。总的来看，无论配送车辆的车容量是哪种类型，两级配送的总成本都要低于单级配送的总成本。尽管从本案例来看，选择两级配送节省下来的成本只占总成本的一小部分，这主要是由于所考虑的配送仅仅是物流企业配送中的单次配送，但事实上对于一个企业来说，这样的配送在一年当中会发生很多次。因此，选择两级配送会给物流企业带来可观的收益，除了这种配送方法产生的重大经济优势外，两级配送系统相比单级配送系统更有效率，并且从环境的角度来看也是如此。此外，随着我国限行政策的逐步实施，两阶段配送方案可以避免大型车辆出现在城市中心，进而可以减少物流配送对城市带来的影响。

表 7-4 不同目标下两阶段选址 - 路径最优解

目标	配送层	路径条数 / 条	行驶距离 / 千米	行驶时间 / 分	运输成本 / 元	制冷成本 / 元	货损成本 / 元	总成本 / 元
距离最短	第一阶段	2	421.05	487.42	1 654.46	1 428.82	—	3 083.28
	第二阶段	7	351.05	826.58	1 357.17	687.48	760.67	2 805.32
	总和	9	772.1	1314	3 011.63	2 116.3	760.67	5 888.6
成本最小	第一阶段	2	421.05	487.42	1 654.46	1 428.82	—	3 083.28
	第二阶段	7	369	853.5	1 407.01	633.81	633.25	2 674.07
	总和	9	790.05	1 340.92	3 061.47	2 062.63	633.25	5 757.35

表 7-5 单阶段车辆路径成本明细

车容量 / 吨	运输成本 / 元	制冷成本 / 元	货损成本 / 元	总成本 / 元
25	4 035.03	2 871.21	1 094.74	8 001.18
8	6 051.54	1 666.79	967.35	8 685.68

第六节　小　　结

　　本章结合目前城市物流配送的特点，以冷链物流行业为研究对象，建立考虑硬时间窗的城市两级配送选址－路径模型，并在配送的两个起点设计不同的车型完成配送任务，使其更贴近实际问题。为了对所构建的模型进行求解，本章设计了求解该模型的混合遗传算法，为了验证所构建的模型与所设计算法的合理性，通过随机生成的算例进行说明。分析了不同目标函数对选址－路径选择和总运输成本的影响，结果表明，目标函数对选址点和配送车辆数没有影响，但对运输总成本有影响。因此，针对不同的配送主体提出了不同的配送优化方案。最后，比较分析了两阶段配送选址－路径问题和单阶段车辆路径问题，结果表明，两阶段配送方案有助于降低配送总成本，同时说明了两阶段选址－路径系统的可行性与有效性。

参 考 文 献

［1］European Commission. Urban mobility［R/OL］. 2015. http://ec.europa. eu/transport/themes/urban/urbanmobility/index en.htm.

［2］Swgalou E, Ambrosini C, Routhier J L. The environmental assessment of urban goods movement［C］. Maderia：The 3rd International Conference on City Logistics，2004.

［3］李娜.单亲遗传算法的冷链物流车辆路径问题(VRP)优化研究［D］. 秦皇岛：燕山大学，2016.

［4］冯志哲.食品冷冻工艺学［M］.上海：上海科技出版社，2004.

［5］刘建香.供应链规划与设计［M］.北京：科学出版社，2022.

［6］Dantzing G B, Ramser J H. The truck dispatching problem［J］. Management Science，1959，6(1)：80–91.

［7］王芹.带时间窗的冷链食品物流配送选址及运输路径优化问题研究 ［D］.西安：长安大学，2015.

［8］Guindon S, Gascuel O. A simple, fast, and accurate algorithm to estimate large phylogenies by maximum likelihood［J］. Systematic

Biology, 2003, 52(5): 696-704.

[9] Mina H, Jayaraman V, Srivastava R. Combined location-routing problems: a synthesis and future research directions [J]. European Journal of Operational Research, 1998, 108: 25-45.

[10] 张潜. 物流配送路径优化调度建模与实务 [M]. 北京: 中国物资出版社, 2006.

[11] Clark G, Wright J W. Scheduling of vehiceles form a central depot to a number of delivery points [J]. Operations Research, 1964, 12: 568-581.

[12] 陶文钊. 城市冷链2B/2C融合共配模式及定价博弈研究 [D]. 北京: 北京交通大学, 2017.

[13] Chen C T. A fuzzy approach to select the location of the distribution center [J]. Fuzzy Sets and Systems, 2001, 118(1): 65-73.

[14] Lee H S. A fuzzy multi-criteria decision making model for the selection of the distribution center [J]. Advances in Natural Computation Lecture Notes in Computer Science, 2005, 3612: 1290-1299.

[15] Sopha B M, Asih A M S, Pradana F D, et al. Urban distribution center location: Combination of spatial analysis and multi-objective mixed-integer linear programming [J]. International Journal of Engineering Business Management, 2016, 8: 1-10.

［16］Musolino G, Rindone C, Polimeni A, et al. Planning urban distribution center location with variable restocking demand scenarios: general methodology and testing in a medium-size town［J］. Transport Policy, 2018, 80: 157-166.

［17］Wang B, Xiong H, Jiang C. A multicriteria decision making approach based on fuzzy theory and credibility mechanism for logistics center location selection［J］. The Scientific World Journal, 2024(6): 88-91.

［18］Li S, Grifoll M, Estrada M, et al. Optimization on emergency materials dispatching considering the characteristics of integrated emergency response for large-scale marine oil spills［J］. Journal of Marine Science and Engineering, 2019, 7: 214.

［19］Ye X, Chen B, Lee K, et al. An emergency response system by dynamic simulation and enhanced particle swarm optimization and application for a marine oil spill accident［J］. Journal of Cleaner Production, 2021, 297: 126591.

［20］Yan L, Grifoll M, Zheng P. Model and algorithm of two-stage distribution location routing with hard time window for city cold-chain logistics［J］. Applied Sciences, 2020, 10: 2564.

［21］Shao C, Wang H, Yu M. Multi-objective optimization of customer-centered intermodal freight routing problem based on the combination of

DRSA and NSGA-Ⅲ [J]. Sustainability, 2022, 14: 2985.

[22] Bayir B, Charles A, Sekhari A, et al. Issues and challenges in short food supply chains: a systematic literature review[J]. Sustainability, 2022, 14: 3029.

[23] Weber A. Theory of the location of industries[M]. Santa Barbara: Center for Spatial Information Science and Systems, 1909.

[24] Hakimi, S. L. Optimum locations of switching centers and the absolute centers and medians of a graph[J]. Operations Research, 1964, 12(3): 450–459.

[25] Vahidnia M H, Alesheikh A A, Alimohammadi A. Hospital site selection using fuzzy AHP and its derivatives[J]. Environment Management, 2009, 90: 3048–3056.

[26] Pizzolato N D, Barcelos F B, Lorena L A N. School location methodology in urban areas of developing countries[J]. International Transaction in Operational Reserch, 2010, 11: 667–681.

[27] Batta R, Lejeune M, Prasad S. Public facility location using dispersion, population, and equity criteria[J]. European Journal of Operational Research, 2014, 234: 819–829.

[28] Roig-Tierno N, Baviera-Puig A, Buitrago-Vera J, et al. The retail site location decision process using GIS and the analytical hierarchy process

［J］. Applied Geography, 2013, 40: 191-198.

［29］Hammad A W A, Akbarnezhad A, Rey D. Sustainable urban facility location: minimising noise pollution and network congestion［J］. Transportation Research Part E: Logistics and Transportation Review, 2017, 107: 38-59.

［30］Chen L, Olhager J, Tang O. Manufacturing facility location and sustainability: a literature review and research agenda［J］. International Journal of Production Economics, 2014, 149: 154-163.

［31］Alberto P. The logistics of industrial location decisions: an application of the analytic hierarchy process methodology［J］. International Journal of Logistics Research and Application, 2000, 3: 273-289.

［32］Kwiesielewicz M, Uden E V. Inconsistent and contradictory judgements in pairwise comparison method in the AHP［J］. Computers Operations Research, 2004, 31: 713-719.

［33］Chen Z B, Huang X Z H. Improved grey relational evaluation method for location selection of logistics distribution center［J］. Statistics and Decision, 2015, 3: 52-55.

［34］Dai Y Z, Ma X L. Comprehensive evaluation on address selection of distributing center［J］. Shijiazhuang Railway Institute, 2004, 17: 93-96.

[35] Owen S H, Daskin M S. Strategic facility location: a review[J]. European Journal of Operational Research, 1998, 111: 423-447.

[36] Emirhuseyinoglu G, Ekici A. Dynamic facility location with supplier selection under quantity discount[J]. Computers & Industrial Engineering, 2019, 134: 64-74.

[37] Li S, Wei Z, Huang A. Location selection of urban distribution center with a mathematical modeling approach based on the total cost[J]. IEEE Access, 2018, 6: 61833-61842.

[38] Regmi M B, Hanaoka S. Location analysis of logistics centres in Laos [J]. International Journal of Logistics-Research and Applications, 2013, 3: 227-242.

[39] Yang Z Z, Moodie D R. Locating urban logistics terminals and shopping centres in a Chinese city[J]. International Journal of Logistics-Research and Applications, 2011, 3: 165-177.

[40] Ballou R H. Dynamic warehouse location analysis[J]. Journal of Marketing Research, 1968, 5: 271-276.

[41] Sweeney D J, Tatham R L. An improved long-run model for multiple warehouse location[J]. Management Science, 1976, 22: 748-758.

[42] Wesolowsky G O. Dynamic facility location[J]. Management Science, 1973, 19: 1241-1248.

[43] Farahani R Z, Drezner Z, Asgari N. Single facility location and relocation problem with time dependent weights and discrete planning horizon[J]. Annals of Operations Research, 2009, 167: 353-368.

[44] Tapiero C S. Transportation-location-allocation problems over time[J]. Journal of Regional Science, 1971, 11: 377-384.

[45] Canel C, Khumawala B M, Law J, et al. an algorithm for the capacitated, multi-commodity multi-period facility location problem [J]. Computers & Operations Research, 2001, 28: 411-427.

[46] Melo M T, Nickel S, Gama F S. Dynamic multi-commodity capacitated facility location: a mathematical modeling framework for strategic supply chain planning[J]. Computers & Operations Research, 2005, 33: 181-208.

[47] Dias J, Captivo M E, Clímaco J. Capacitated dynamic location problems with opening, closure and reopening of facilities[J]. IMA Journal of Management Mathematics, 2006, 17(4): 317-348.

[48] Zhou A L, Li X H, Ma H J. Research on a multiple-period dynamic location model of enterprise logistics centers[J]. Journal of Systems Engineering, 2011, 26: 360-366.

[49] Thomas M U. Supply chain reliability for contingency operation [C]. Seattle: Proceedings of Annual Reliability and Maintainability Symposium,

2002.

[50] Wang N, Lu J C, Kvam P. Reliability modeling in spatially distributed logistics systems[J]. IEEE Transactions on Reliability, 2006, 55(3): 525-534.

[51] Snyder L V. Supply chain robustness and reliability: modeling and algorithms[D]. Evanston: Northwestern University, 2003.

[52] 徐玖平, 李军. 多目标决策的理论与方法[M]. 北京: 清华大学出版社, 2005.

[53] 张杰, 郭丽杰, 周硕, 等. 运筹学模型及其应用[M]. 北京: 清华大学出版社, 2012.

[54] 吴卓迅. RQ第三方冷链物流网络优化研究[D]. 阜新: 辽宁工程技术大学, 2005.

[55] Danzig G B, Wolfe P. The decomposition algorithm for linear programming[J]. Econometrica, 1961, 4: 767-778.

[56] Belloso J, Juan A A, Martinez E, et al. A biased-randomized metaheuristic for the vehicle routing problem with clustered and mixed backhauls[J].Networks, 2017, 69(3): 241-255.

[57] Gulczynski D, Golden B, Wasil E. The period vehicle routing problem: new heuristics and real world variants[J]. Transportation Research Part E: Logistics & Transportation Review, 2011, 47(5): 648-668.

［58］Normasari N M E, Yu V F, Bachtiyar C, et al. A simulated annealing heuristic for the capacitated green vehicle routing problem［J］. Mathematical Problems in Engineering, 2019, 1: 1-18.

［59］Malandraki C, Daskin M S. Time dependent vehicle routing problems: formulations, properties and heuristic algorithm［J］. Transportation Science, 1992, 26(3): 185-200.

［60］Stewart W, Golden B. Stochastic vehicle routing: a comprehensive approach［J］. European Journal of Operational Research, 1983, 14(4): 371-385.

［61］Kuo R J, Zulvia, et al. Hybrid particle swarm optimization with genetic algorithm for solving capacitated vehicle routing problem with fuzzy demand—A case study on garbage collection system［J］. Applied Mathematics and Computation, 2012, 219(5): 2574-2588.

［62］赵燕伟,李川,张景玲,等.一种新的求解多目标随机需求车辆路径问题的算法［J］.计算机集成制造系统, 2012, 18(3): 8.

［63］李阳,范厚明,张晓楠,等.随机需求车辆路径问题及混合变邻域分散搜索算法求解［J］.控制理论与应用, 2017, (12): 1595-1604.

［64］朱颢.基于改进蝙蝠算法的带模糊需求的车辆路径问题［J］.计算机测量与控制, 2017, (7): 276-281.

［65］张晓楠,范厚明.带时间窗偏好的多行程模糊需求车辆路径优化［J］.

计算机集成制造系统, 2018, 24(10): 2461-2477.

[66]Gounaris C E, Wiesemann W, Floudas C A. The robust capacitated vehicle routing problem under demand uncertainty[J]. Operations Research, 2013, 61(3): 677-693.

[67]管峰, 钟铭, 韦达. 需求不确定的车辆路径鲁棒优化模型[J]. 上海海事大学学报, 2015,(4): 27-30.

[68]赵潇, 夏绪辉, 王蕾, 等. 不确定环境下车辆配送路径鲁棒优化及求解算法[J]. 组合机床与自动化加工技术, 2019,(12): 149-154.

[69]Amorim P, Parragh S N, Sperandio F, et al. A rich vehicle routing problem dealing with perishable food: a case study[J]. Top, 2014, 22(2): 489-508.

[70]Zulvia F E, Kuo R J, Nugroho D Y. A many-objective gradient evolution algorithm for solving a green vehicle routing problem with time windows and time dependency for perishable products[J]. Journal of Cleaner Production, 2019, 242: 118428.

[71]吕俊杰, 孙双双. 基于鲜活农产品冷链物流配送的车辆路径优化研究[J]. 广东农业科学, 2013,(9): 178-181.

[72]蔡浩原, 潘郁. 基于人工蜂群算法的鲜活农产品冷链物流配送路径优化[J]. 江苏农业科学, 2017, 45(15): 318-321.

[73]马向国, 刘同娟, 杨平哲, 等. 基于随机需求的冷链物流车辆路径优

化模型［J］. 系统仿真学报, 2016, 28(8): 1824-1832.

［74］王淑云, 孙虹. 随机需求下冷链品多温共配路径优化研究［J］. 工业工程与管理, 2016, 21(2): 49-58.

［75］Mulvey J M, Verderbel M J, Zenios S A. Robust optimization of large-scale systems［J］. Operations Research, 1995, 43(2): 264-281.

［76］Bermúdez C, Graglia P, Stark N, et al. Comparison of recombination operators in panmictic and cellular gas to solve a vehicle routing problem［J］. Inteligencia Artificial Revista Iberoamericana De Inteligencia Artificial, 2010, 14: 34-44.

［77］刘宝碇, 赵瑞清. 随机规划与模糊规划［M］. 北京: 清华大学出版社, 1998.

［78］李金璇. 大连市水产品冷链物流配送优化研究［D］. 辽宁: 大连海事大学, 2016.

［79］Schwartz Y, Raslan R, Mumovic D. Implementing multi-objective genetic algorithm for life cycle carbon footprint and life cycle cost minimisation: a building refurbishment case study［J］. Energy, 2016, 97(15): 58-68.

［80］Rahimi-Vahed A, Crainic T G, Gendreau M, et al. A path relinking algorithm for a multi-depot periodic vehicle routing problem［J］. Journal of Heuristics, 2013, 19(3): 497-524.

［81］Tu W，Fang Z，Li Q，et al. A bi-level voronoi diagram-based metaheuristic for a large-scale multi-depot vehicle routing problem［J］. Transportation Research Part E Logistics and Transportation Review，2014，(61)：84-97.

［82］Escobar J W，Linfati R，Toth P，et al.A hybrid granular tabu search algorithm for the multi-depot vehicle routing problem［J］. Journal of Heuristics，2014，20(5)：483-509．

［83］Cordeau J F，Gendreau M，Laporte G. A tabu search heuristic for periodic and multi-depot vehicle routing problems［J］. Networks，2015，30(2)：105-119.

［84］Chu C W，Chang J R，Chang K H. A heuristic algorithm for the multi-depot vehicle routing problem with outsider carrier selection［J］. Journal of Marine Science and Technology，2019，27(2)：170-183.

［85］Kanso B. Hybrid ANT colony algorithm for the multi-depot periodic open capacitated arc routing problem［J］. International Journal of Artificial Intelligence & Applications，2020，11(1)：11105.

［86］胡蓉,陈文博,钱斌,等.学习型蚁群算法求解绿色多车场车辆路径问题［J］.系统仿真学报,2021,33(9):2095-2108.

［87］周鲜成,吕阳,贺彩虹,等.考虑时变速度的多车场绿色车辆路径模型及优化算法［J］.控制与决策,2022,37(2):473-482.

［88］Yao B，Chen C，Song X，et al. Fresh seafood delivery routing problem using an improved ant colony optimization［J］. Annals of Operations Research，2017，(2)：1–24.

［89］Xiang C，Hu L，Qi C. Cold chain logistics distribution routing optimization based on realistic delivery time and ant colony［C］. IOP Conference Series Materials Science and Engineering，2020，(768)：52–67.

［90］Wu D，Zhu Z，Hu D，et al. Optimizing fresh logistics distribution routing based on improved ant colony algorithm［J］. Computers，Materials & Continua，2022，(10)：17.

［91］刘广海，谢如鹤，邹毅峰，等. 食品冷藏运输装备能耗评价体系构建与分析［C］. 全国冷冻冷藏产业创新发展年会，2014，40(24)：1–5.

［92］王鸽. 共同配送模式下冷链物流路径优化研究［D］. 北京：北京交通大学，2018.

［93］Wang B，Xiong H，Jiang C .A Multicriteria Decision Making Approach Based on Fuzzy Theory and Credibility Mechanism for Logistics Center Location Selection［J］. The Scientific World Journal，2014(2014)：1–9.

［94］王梦梦. 考虑碳排放的易腐品供应链选址–路径–库存联合优化［J］. 上海海事大学学报，2019，40(4)：45–51.

［95］Zhang H, Liu F, Ma L, et al. A hybrid heuristic based on a particle swarm algorithm to solve the capacitated location-routing problem with fuzzy demands［J］. IEEE Access, 2020,(99): 1-31.

［96］Xie W J, Ouyang Y F, Wong S C . Reliable location-routing design under probabilistic facility disruptions［J］. Transportation Science, 2015, 50(3): 1128-1138

［97］Nagy G, Salhi S. Location-routing: issues, models and methods［J］. European Journal of Operational Research, 2007, 177(2): 649-672.

［98］Boventer E. The relationship between transportation costs and location rent in transportation problems［J］. Journal of Regional Science, 1961, 3(2): 27-40.

［99］Prodhon C. A hybrid evolutionary algorithm for the periodic location-routing Problem［J］. European Journal of Operational Research, 2011, 210(2): 204-212.

［100］Koç Ç, Bektaş T, Jabali O, et al. The impact of depot location, fleet composition and routing on emissions in city logistics［J］. Transportation Research Part B: Methodological, 2016,(84): 81-102.

［101］周翔,许茂增,吕奇光,等. 基于客户点行政地址的自提点选址-路径优化［J］.计算机集成制造系统, 2019, 25(8): 2069-2078.

[102]邱晗光,李海南,宋寒.需求依赖末端交付与时间窗的城市配送自提柜选址-路径问题[J].计算机集成制造系统,2018,24(10):2612-2621.

[103]Zhang B, Li H, Li S, et al. Sustainable multi-depot emergency facilities location routing problem with uncertain information[J]. Applied Mathematics and Computation, 2018, 333: 506-520.

[104]Yannis M, Magdalene M, Athanasios M. A hybrid clonal selection algorithm for the location routing problem with stochastic demands[J]. Annals of Mathematics and Artifificial Intelligence, 2016, 76(11): 121-142.

[105]武楚雄,陈驰,张贵军.动态路网选址-路径优化算法及实现[J].控制理论与应用,2020,37(11):2398-2412.

[106]徐建华.基于 GA-PSO 算法的生鲜农产品选址-路径问题优化研究[J].物流工程与管理,2016,260(2):60-62.

[107]Rahmanifar G, Mohammadi M, Golabian M, et al. Integrated location and routing for cold chain logistics networks with heterogeneous customer demand[J]. Journal of Industrial Information Integration, 2024,(38): 100573.

[108]Li X, Zhou K. Multi-objective cold chain logistic distribution center location based on carbon emission[J]. Environmental Science and

Pollution Research, 2021, (28): 32396–32404.

[109] Wang S, Tao F, Shi Y. Optimization of location-routing problem for cold chain logistics considering carbon footprint [J]. International Journal of Environmental Research and Public Health, 2018, 15(1): 86.

[110] Li D, Li K. A multi-objective model for cold chain logistics considering customer satisfaction [J]. Alexandria Engineering Journal, 2023, (67): 513–523.

[111] 王成林, 郑颖, 皇甫宜龙, 等. 生鲜类物流配送网络选址–路径优化问题研究 [J]. 数学的实践与认识, 2020, 50(10): 33–43.

[112] Qian J, Eglese R. Fuel emisssions optimization in vehicle routing problems with time-varying speeds [J]. European Journal of Operational Research, 2016, 248(3): 840–848.

[113] Poonthalir G, Nadarajan R. A fuel efficient green vehicle routing problem with varying speed constraint (F-GVRP) [J]. Expert Systems with Applications, 2018, 100(6): 131–144.

[114] Ben-Tal A, Nemirovski A. Robust solutions of linear programming problems contaminated with uncertain data [J]. Mathematical Programming, 2000, 88(3): 411–424.

[115] Bertsimas D, Sim M. The price of robustness [J]. Operations Research, 2004, 52(1): 35–53.

[116] Ichoua S, Gendreau M, Potvin J. Vehicle dispatching with time-dependent travel times [J]. European Journal of Operational Research, 2003, 144(2): 379-396.

[117] Taniguchi E, Thompson R G, Yamada T. New opportunities and challenges for city logistics [J]. Transportation Research Procedia, 2016, 12: 5-13.

[118] Woodburn A. City distribution and urban freight transport [J]. Journal of Transport Geography, 2012, 24: 543-543.

[119] Taniguchi E, Thompson R G, Yamada T, et al. City Logistics. Network modelling and intelligent transport systems [M]. Britain: Emerald, 2001.

[120] Allen J, Anderson S, Browne M, et al. A framework for considering policies to encourage sustainable urban freight traffic, medical history [R]. London: University of Westminster, 2000.

[121] Taniguchi E, Dai T. Evaluating city logistics measures considering the behavior of several stakeholders [J]. Journal of the Eastern Asia Society for Transportation Studies, 2005, 6: 3062-3076.

[122] Anand N, Quak H, Duin R V, et al. City logistics modeling efforts: trends and gaps-a review [J]. Procedia-Social and Behavioral Sciences, 2012, 39(4): 101-115.

[123] Danielis R, Rotaris L, Marcucci E. Urban freight policies and

distribution channels［J］. European Transport, 2010, 46: 114–146.

［124］Allen J, Leonardi J. The Role of Urban Consolidation Centres in Sustainable Freight Transport［J］. Transport Reviews, 2012, 32(4): 473–490.

［125］Browne M, Sweet M, Woodburn A, et al. Urban freight consolidation centres final peport［R/OL］. London: University of Westminster, 2005. https://www.semanticscholar.org/paper/Urban–freight–consolid-ation–centres%3A–final–report–Browne–Sweet/4a1a5346e3a81d2f20 102579a66 fcb19f595 cb65.

［126］Lagorio A, Pinto R, Golini R. Research in urban logistics: a systematic literature review［J］. International Journal of Physical Distribution & Logistics Management, 2016, 46(10): 908–931.

［127］Simona M. Multi–echelon distribution systems in city logistics［J］. European Transportation, 2013, 23: 1–13.

［128］Lakshmisha I P, Ravishankar C N, Ninan G, et al. Effect of freezing time on the quality of Indian mackerel (rastrelliger kanagurta) during frozen storage［J］. Journal of Food Science, 2008, 73: 345–453.

［129］施朝春, 王旭, 葛显龙. 带有时间窗的多配送中心车辆调度问题研究［J］. 计算机工程与应用, 2009, 45(34): 21–25.